米国大統領への手紙　市丸利之助伝

平川祐弘　著

市丸利之助（大佐時代）

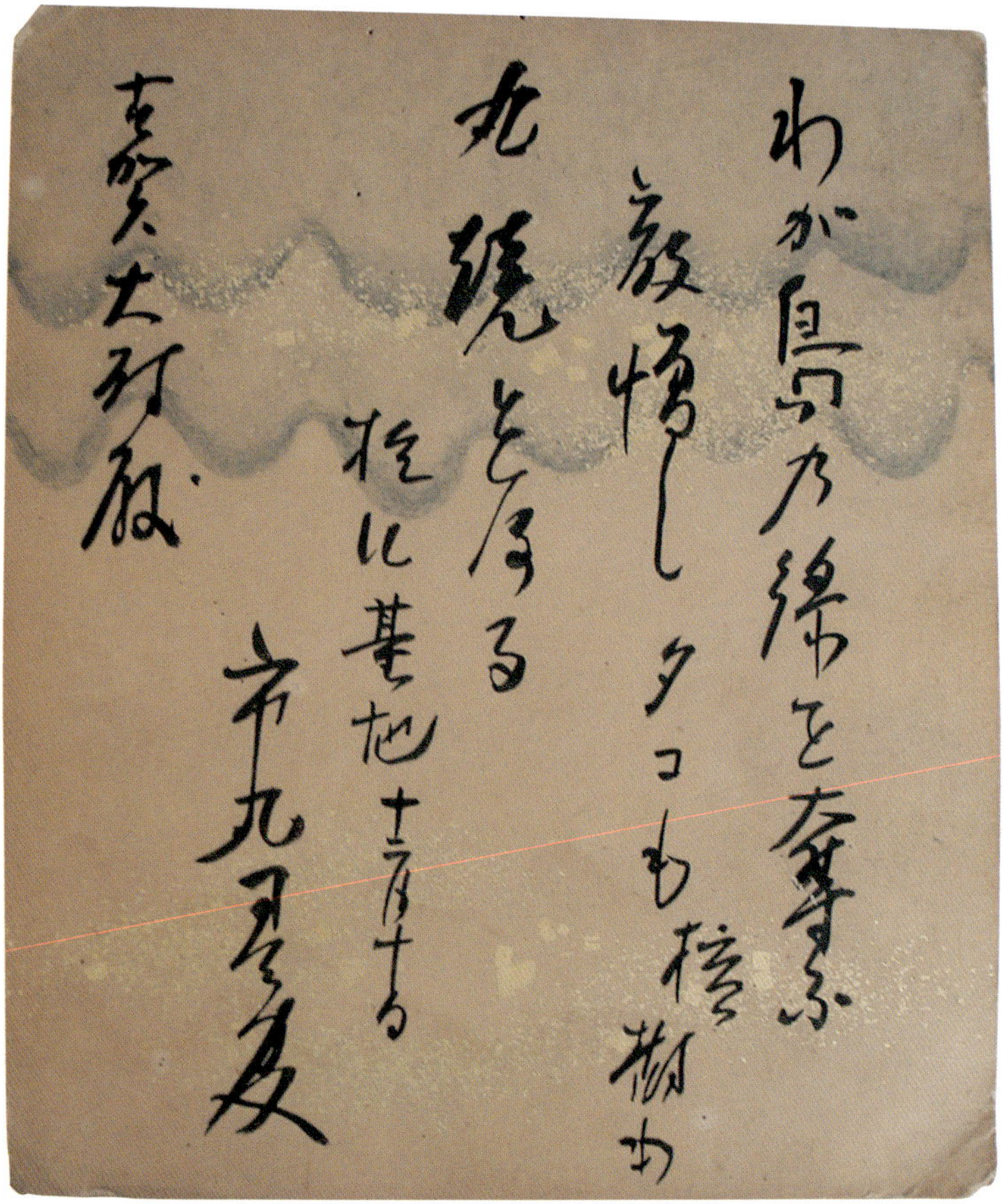

市丸利之助書和歌色紙（海上自衛隊鹿屋航空基地資料館保管）

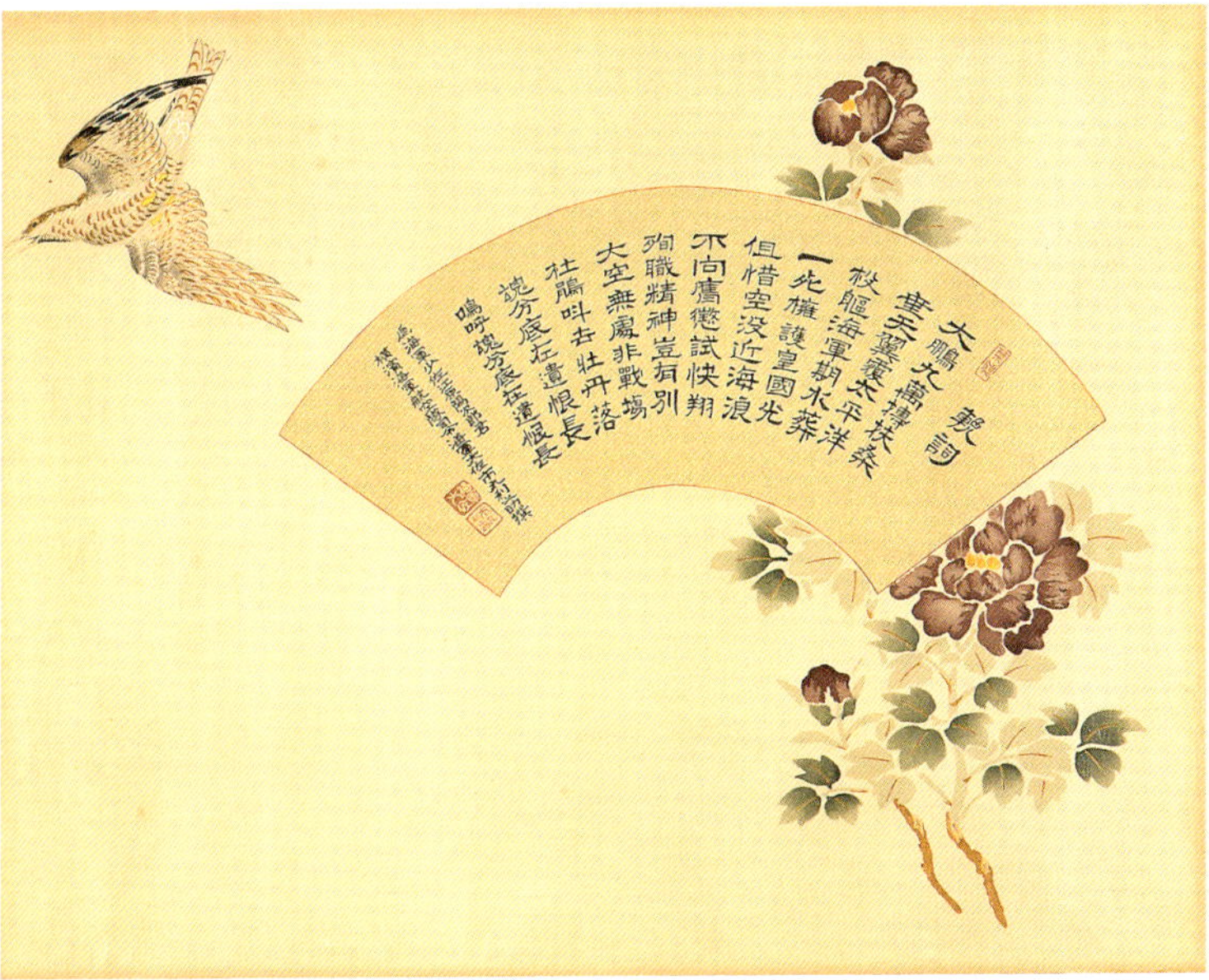

市丸利之助書扇面（個人蔵）

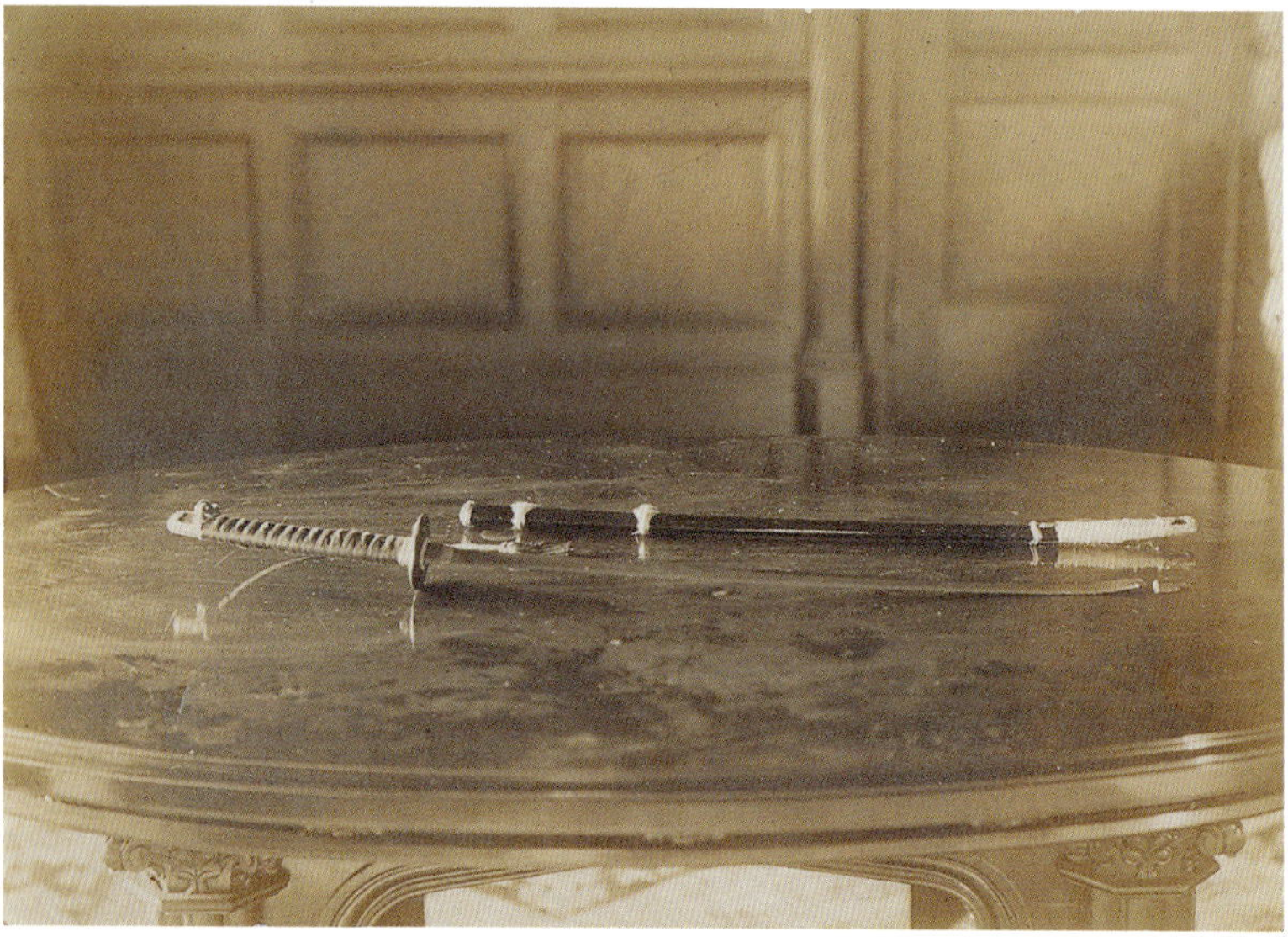
市丸利之助愛刀

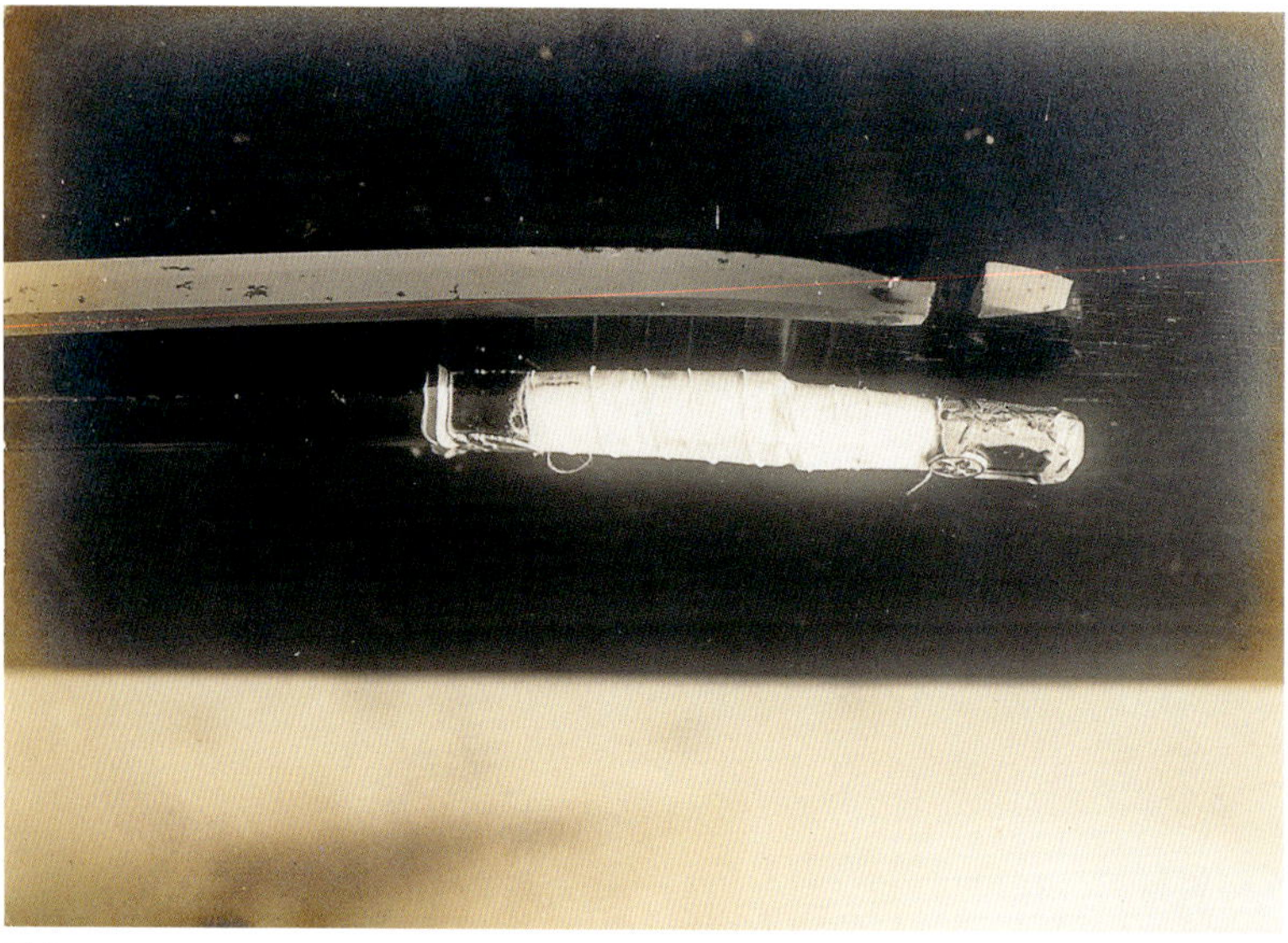
同上

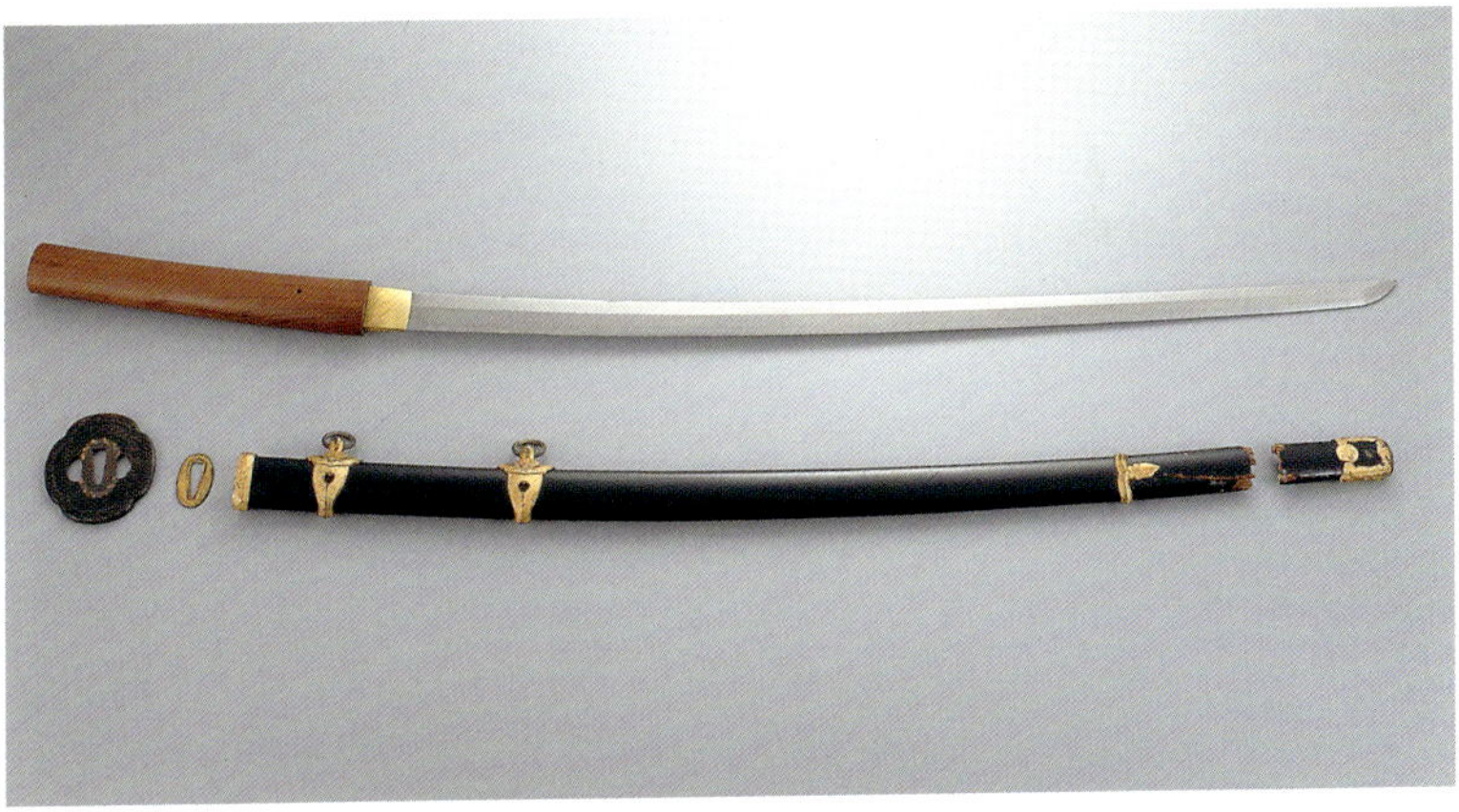

市丸利之助愛刀(改修後)と改修前の鞘 他

杉浦南幽作・ヤマタノオロチ

同後背部（漢詩は昭和十八年作）

市丸利之助（昭和七年頃）

肥前佐賀文庫001　米国大統領への手紙　市丸利之助伝　目次

第一章　米国大統領への二つの手紙

硫黄島記念碑

アメリカの首府ワシントンから西に向け、ポトマック川を渡るとすぐそこに国立アーリントン墓地がある。そこは日本でいえば九段の靖国神社に相当する戦死者を祀った神聖な墓地で、六万の英霊が葬られている。故ケネディー大統領も第二次世界大戦中、ソロモン水域で戦い、彼が艇長として指揮した水雷艇は日本の駆逐艦に沈められた。そんな勇士であり、ダラス市における銃弾による最期は、ドゴール将軍が弔したごとく、軍人の戦死に比すべきものがあったから、やはりアーリントン墓地に葬られている。

その太平洋戦争が真に終結したのは一九七五年、昭和天皇が訪米して御挨拶され、アーリントン墓地で戦死者の墓に花輪を捧げられた時だ、ともいわれている。米国国民と日本国民との和解もその時に成り立ったのである。

ところでそのアーリントン墓地にあるもっとも有名な記念碑は「硫黄島モニュメント」とも「硫黄島メモリアル」とも呼ばれる記念像で、アメリカ海兵隊が一九四五年二月、初めて日本固有の領土である硫黄島に敵前上陸し、その摺鉢山（すりばちやま）の山頂に星条旗を押し立てた場面を再現した巨大彫刻である。それはAPの特派員ジョー・ローゼンソールが撮影した写真に基づく彫刻で、いかにも勝利の躍動感に溢れている。先頭の海兵隊員が金属製の旗竿（パイプ）を地面に四十五度の角度で突っこんでいる。その旗竿を次に来る兵士が肩で支え、その背後の兵士らが両手を上へあげて竿を垂直に立てようとしている。

このローゼンソールの写真の図柄は、第二次世界大戦中の戦争写真のもっとも有名なものといわれたほどだから、日本人でも知っている人は多いだろう。アメリカ人ならまず見おぼえがあるに相違ない。ワシントンで絵はがきを買えば、リンカーン記念像やワシントン記念塔、国会、ホワイトハウスと並んでこの硫黄島記念碑が必ず写っている。

だが一九七七年秋から一年間ワシントンに勤めて、私は硫黄島記念碑だけは見に行かなかった。家内も子供もほかの名所は丹念にまわったが、あの記念碑だけは見に行かなかった。それはなにもわが家に限らず、アメリカの首都に駐在する日本の外交官や新聞記者や学者学生や商社員の多くにも共通したことであるらしい。あのころワシントンでつきあった日本人に電話してみたら誰一人訪ねていなかった。第二次世界大戦で米軍は圧倒的な物量を誇った。その米軍はそれでも硫黄島では一大苦戦を強いられ、上陸第一日だけで二千三百十二人の死傷者を出したという。だがはやくも第五日目には同島でいちばん高い擂鉢山を占領した。六名の海兵隊員が山頂に押し立てた星条旗はアメリカ兵の勇気のシンボルである。アメリカの子供たちは硫黄島記念碑を誇らしげに見あげるが、日本人にはそれは出来ない。

それは第一義的には、日本が太平洋戦争の敗者であるからだが、問題を微妙に複雑化しているのは、第二義的には、戦争そのものについて見聞きしたくないという集団的思考回避に私たち日本人がおちいっているからだろう。アメリカ兵の勇気ということは肯定的に説くことが出来ても、また日系アメリカ兵の勇気ということを肯定的に説くことも出来ても、日本兵の勇気ということは話題にしてはいけないなにかのようになっている。ましてや日本側に加わって戦ったアメリカ生れの二世のことは否定的に語るか、黙するかしか出来ないようになっている。これもまた敗戦国の日本を半世紀近く支配した知的空間の中で忘れられたことであり、忘れさせられたことでもあるだろう。

ワシントンに勤務した一日本人がこんなエピソードを伝えてくれた。アメリカの小学生の修学旅行のバスが社会科の授業でワシントンの名所めぐりをした。Iwo Jima Memorial の下に来て先生が説明するのだが、二人そっぽを向いている子供がいる。それは日本人駐在員の子供で担任のアメリカ人の先生ははっとした。そうしたらその子たちは日本の敗北が口惜しくてよそ見をしていたのではなくて、硫黄島が日本領だったということも知らなかったという。

戦争の歴史を知らない子供がいるのは平和な日本のあかしかもしれない。

日本にいても硫黄島の名前も知らない小学生はいくらでもいるだろう。

軍人の話などどうでもいいという人もいわゆる戦後民主主義世代の人には多いだろう。

私は昭和前期の日本は国家に政治決定の強力な中心がなく、日本は軍部によって引きまわされた、まことにみっともない国家であったと考える。その軍国日本が惹き起したり、引き摺りこまれたりした戦争は、内外の人々に塗炭の苦しみを与えた。日本は敗れ、戦争の責任をいまなお一方的に問われ続けている。

しかしそれでも私は小声でこんなことを言いたい。愚かな負け戦さだったからとはいえ、過ぐる大戦を戦った米兵や英国兵や中国兵やソ連兵はみな勇士であり、日本兵は愚かでたれもかれも悪人であるかのような口調で日本兵を貶（おと）しめることはやはり間違いである、と。そんな口調で日本人が日本人を貶しめ続けてよいことか。硫黄島の戦闘についても、義務を守って精根を込めて戦い、命をおとした人たちの霊を慰めるためにも、アメリカ兵の武勇を讃える記念碑とともに、日本軍将兵のためにもなにか記念し祈願するものがあってよいのではないだろうか、と。

私はかつてワシントンで一年間ウッドロー・ウィルソン・センターに勤めた時、朝な夕な「硫黄島モニュメント、右折」という道路標識を見て過ぎた。その記念碑こそは見に行かなかったが、そんなことを反射的に漠然と考えていた。そうした折、硫黄島で戦った日本海軍の指揮官がルーズベルト大統領へ宛てた英文の手紙を残して死んだことをアメリカ側の戦史でたまたま知った。そしてその手紙の中にウィルソン大統領への鋭い批判の言辞が含まれていることも知った。ウッドロー・ウィルソンは私が勤める研究所に冠せられた名前で、研究所はアメリカでは平和の使徒として著名な同大統領を記念して創設された組織である。一九八五年、ウィルソン・センターへ再び招かれ「黄禍論——過去と現在」について講演した際、私はその日本側のウィルソン批判にもふれた。

第一次世界大戦の戦後処理のために開かれたパリ会議の際、日本の牧野伸顕代表はウィルソンが主唱した国際連盟の規約中に「人種平等」の語を入れようとした。日本案に賛成はフランス、イタリアを含む十一国、反対はイギリス、アメリカなど五国。会議はそれまで多数決で運営されてきたが、議長のウィルソンはこの件に関しては「これは重要案件であるから全会一致でなければ認められない」と言い出して、日本案を斥けた。ウィルソンはアメリカ人の間では世界平和を夢みた偉大な理想主義者と目されている。だがそのウィルソンにもアングロ・サクソンの共通利益を優先したこんな面もあったのだ。そして牧野の「人種平等」の提案が葬り去られたことが、当時のアメリカ西海岸における日本移民排斥とあいまって、日本の世論に反英米感情を植えつけ、それも太平洋戦争の心理的な遠因の一つとなった。——私はそんな趣旨も講演の中で述べた。

そんなこともあったから、いつか太平洋戦争史との関連でこのT. Ichimaruとアメリカ側に記されている海軍少将について調べてみようと思ったのである。その姓名が市丸利之助ということはじきにわかった。そして調べるうちにますますその人柄に惹かれた。

去年（一九九三年）ワシントンへ寄った時、今度は「硫黄島記念碑」を見に行った。第二次世界大戦直後、一九四五年から十年かけて彫りあげられたというリアリズム彫刻は巨大で立派、意外にも芸術的にも秀れたモニュメントである。私はそのまわりをまわって六人の米国海兵隊員を一人一人じっくり見あげた。そして見あげるうちに私はその地で死んだ市丸利之助のために、私も私なりにささやかながら紙碑（しひ）のごときものを記そうと思ったのである。

ここで硫黄島について説明する。

この島は小笠原諸島の南に位置するが、昭和二十年当時も半世紀後の今日も、行政的には東京都に属する。もっとも戦前と違っていまは住民はおらず、自衛隊員のみが駐屯している。日本人はあのころの書き方に従えば「いわうたう」と呼んだ。アメリカ人は以前からIwo Jimaと呼びならわしている。今後も永久にその名で呼び続けるにちがいない。

この伊豆大島の四分の一ほどの面積の小島にアメリカ軍は海兵隊と陸軍部隊約六万一千名を投入し、一九四五年二月十九日午前八時半、上陸作戦を開始した。島にたてこもった日本陸海軍将兵は軍属も含めて約二万一千、地中に構築された防禦陣地によって抵抗し、アメリカ軍に戦死者五千五百六十三名、負傷者一万七千三百四十三名の損害を与えた。日本側は千余名の負傷者、捕虜、投降者などの生存者を除いて、戦死した。

太平洋戦争で米軍にも夥しい死者は出た。ただし、夥しいといってもその総数はその同じ期間中にアメリカ本土で自動車事故で死亡した者の数には及んでいない。地上戦を主とした朝鮮戦争やベトナム戦争に比べて、太平洋戦争のアメリカ軍の人的損害は相対的には少なかったといっていい。日本側の勝ちっぷりは緒戦の間こそ目をみはらせるものがあったが、一九四二年八月、米軍がガダルカナルで反攻に転じて以後、日本軍は次第に一方的に押しまくられた。ただ物質的に劣勢の日本軍が島から島への負け戦さの中で、硫黄島の戦いだけは、結局島を占領されたとはいえ、アメリカ側に与えた人的損害の大きさが強烈な印象を残したのである。硫黄島は太平洋戦争を通じて米軍の死傷率のもっとも高い、血に塗れた戦場となった。アーリントン墓地の脇に米軍最精鋭の海兵隊（マリーン）の記念碑を建てるに際し、硫黄島の摺鉢山の頂上に星条旗を押し立てる海兵隊員の像が選ばれたのは、そうした愛国の血潮を流した激戦の思い出がアメリカ人に灼きついていればこそである。

だがこれから記す話は、直接その戦闘にまつわる戦記ではない。硫黄島で戦って、最後にルーズベルト大統領へ宛てた日英両文の手紙を遺して死んだ日本海軍航空隊の一司令官の小伝である。私は軍縮のために努力して海軍を追われた山梨勝之進大将や堀悌吉中将の事蹟を書いた場合と違って、最後まで戦った市丸利之助少将の小伝を書くことにためらいがあった。それを書くことに踏み切ったのは、日本の高校生が習う英語教科書にアメリカ少年のレーガン大統領へ宛てた次のような「平和の手紙」が載るようになったからである。アメリカ少年の手紙が読まれるなら、市丸少将の手紙もまた読まれなければならない。歴史を知る、とはその双方を知ることだろう。その両者を読むことによって戦争と平和という楯の両面も見え、太平洋戦争を含む日米関係の過去がより公平に視野に浮びあがってくるだろう。次の手紙の書き手のマイケル・ジャコビー少年は、硫黄島で栗林忠道中将以下の日本陸軍部隊や市丸利之助少将以下の日本海軍部隊と戦った一米国海兵隊員アール・スロールソンの孫である。まずジャコビー少年の「平和の手紙」を読もう。

平和の手紙

桐原書店から出ている『*SPECTRUM ENGLISH COURSE II*』という英語教科書にはこんな手紙が載っている。日本の教室でジャコビー少年と同い年――執筆時のマイケル・ジャコビーは十六歳だった――の高校二年の生徒が読んでいる平易な英文だが、訳すとこうなる。

大統領閣下
私の生涯に深い刻印をのこした個人的体験を大統領にも知っていただきたくペンをとりました。

私の祖父は硫黄島の戦さの悲惨と恐怖をよく語り、私も海兵隊員だった祖父の写真を見、書物も読みました。それが一九八五年二月、にわかに現実の事と化しました。祖父がその戦場に私を連れて行ってくれたのです。アメリカの軍用輸送機が私たちを東京から南の小島へ運んでくれました。日米の「平和式典」が行なわれる場所へ行くまで誰も口をききませんでした。大きな記念碑の一方の側に日本人関係者が坐っており、もう一方の側にアメリカ人関係者が坐りました。日英両語で式は取り行なわれ、僧侶が焼香をすませると牧師が説教をし、軍楽隊が両国国歌を吹奏しました。米国側の一将軍が大統領がこの式典のために寄せられたメッセージの代読もいたしました。

しかし、あの時あの場で次になにが起ったかを大統領御自身に見ていただきたかったと思います。日本軍兵士の未亡人や娘とアメリカ軍兵士の妻や子供たちが、たがいに近寄ったかと思うと抱きしめあい、身につけていたスカーフや宝石などに思いのたけを託して交換しはじめたのです。男たちも近づいて、最初はためらいがちに握手しましたが、やがて抱き合うや声をはなって泣き出しました。なかにはかつての敵にこの戦場で拾った思い出の品を返す者もおりました。

ふと気がつくと、誰かが私の頭に帽子をのせてくれました。かつての日本軍人です。笑顔をみせて自己紹介し、その日本軍の作業帽を私にくれると言いました。私の祖父も近づいて話しはじめました。大人二人は若い私がこの場でこの体験をわかちあっていることを喜んでいる風でした。二人がなにを話していたのかわかりませんでした。私はその場であまりにも感動してしまったからです。

いろいろな思いが頭の中をかけめぐりました。四十年前、いまは老人のこの二人は摺鉢山の山頂でたがいに殺し合おうとしていた。倶（とも）に天を戴（いただ）かずと誓ったその敵兵同士がいまたがいに抱きあっている。四十年前、この場所は砲丸や銃弾が飛び交い、死と憎しみとに満ち満ちていた。それが僅か四十年の間にどうしてこのように変り得たのか。

私には余人には知り得ぬなにかがわかったような気がしました。昨日の敵が今日の友となり得ることを、祖父や祖父と手を握りしめている旧日本軍兵士によって、全世界の人々に示してもらいたい、とさえ思いました。この二人のアメリカ人と日本人は各国の人々に平和の大使として共に語りかけることが出来ると感じたのです。お互いに腕を組んで戦争の悲惨と恐怖を語り、かつては互いに殺し合おうとした間柄だったということを。

私はもちろん祖国を愛し、一旦緩急あれば銃を取って戦うつもりです。だがしかし自分の孫が将来その人を抱きしめると知っていたら、その人を敵として殺すことを躊躇するでしょう。

その日私は集った人々の顔を憶えようとたくさんの写真を撮りました。アメリカの一新聞はそんな私のことを「日本製のビデオ・カメラで感動する祖父の姿を撮りまくる一アメリカ少年」という見出しで記事にしました。新聞記者はそんな図に皮肉な事態を認めようとしたに相違ありません。

だがその記者は肝腎な点を見落しています。私が記録したのは私自身がその場で覚えた感動だったからです。島で私は最年少でしたからほかの誰よりもこの事を長く記憶に留めることができる。そんな身としてその日の感激をけっして忘れまいと決心したのです。

その日硫黄島で習ったことを出来るだけ多くの人とわかち合うのが私は義務だと感じています。ですから大統領閣下、誰よりもまずあなたからと思い、ペンをとった次第です。

この手紙に記された「日米四十年目の抱擁」は一九八五年二月十九日におこった。上坂冬子氏の『硫黄島いまだ玉砕せず』（文藝春秋）によると、硫黄島の海軍警備隊司令であった和智恒蔵大佐は昭和十九年十月突然内地帰還を命ぜられた。和智の部下将兵は五ヵ月後硫黄島でほとんど全員が玉砕したが、司令であった和智ひとりが運命を共にすることが出来なかった。生き残った和智は敗戦後は仏教僧侶となり、亡くなった日米戦士の霊を弔ったのみか、硫黄島協会の会長として両国の関係者に長年にわたって働きかけ、ついに右のような「名誉の再会」の式典に漕ぎつけたのだという。

マイケル・ジャコビー少年の文章はその年の暮、国際ロータリークラブが全世界の若者を対象に行なった「平和への手紙」コンテストに応募した四万五千点の作品の中から最終的に選び出された手紙である。いい手紙だ、と私は思った。いい英語教科書だ、と感じた。かくいう私は日米が太平洋で死闘を続けていたころ中学一年生として英語を習ったもので、形容詞の最上級や現在完了は、

Isoroku Yamamoto is the greatest admiral that the world has ever seen.

という文章で憶えた。「山本五十六大将ハ世界ガカツテ見タコトノアル最モ偉大ナ提督デアル」。だが英語教科書の「デアル」という現在形にもかかわらず、私がこの文型を習った時は山本提督はもう戦死していた。やがて私たちが英語を習う教室の上をアメリカのB29爆撃機が飛ぶようになった。それを「空飛ぶ超要塞」super flying fortress と呼ぶのだ、ということを中学生向けの英語雑誌で覚えた。戦時下でも、薄くなったとはいえ、『英語青年』などの雑誌はまだ細々と出ていたのである。あのころの英語教科書に比べると、桐原書店の教科書は戦後平和主義の日本を感じさせる。

しかしマイケル・ジャコビー少年の米国大統領宛ての英文の手紙を読むうちに、私はもう一通の、日本人によって書かれた米国大統領宛ての手紙のことを思わずにはいられなかった。それはマイケル少年がレーガン大統領に宛てて書くよりも四十年前、玉砕を前にして、同じく硫黄島の地において海軍航空部隊指揮官市丸利之助少将によって書かれた手紙である。

市丸少将は和智大佐が昭和十九年十月十六日硫黄島を去った後、その地の海軍部隊の将兵を指揮した人だった。そして昭和二十年三月戦死した人だった。マイケル・ジャコビー少年やアメリカ側の硫黄島作戦関係者が戦後四十年、「名誉の再会」をした時、日本側の遺族の中には市丸少将（戦死後中将）の遺族もふくまれていた。名誉といい道義というものは、一方の立場に立って過去を裁断することではない。双方の立場に立って相手をそのありしがままの姿で眺め直す思いやりこそが昨日の敵を今日の友とするのである。

次に掲げる市丸少将の手紙は、戦後育ちの日本人の多数にはあるいは違和感を与えるかもしれない。読者はなにとぞその違和感を後まで心に留めておいていただきたい。私は市丸利之助の軍人としての生涯を語った後、結びの章で市丸の『ルーズベルトニ与フル書』の内容をあらためて吟味し、その是非を論ずるつもりである。以下の日本語本文は市丸が八枚の海軍用箋に筆でしたためたものである。なおふりがなは、この遺書についても多くの歌についても、私が付したものである。

ルーズベルトニ与フル書

日本海軍市丸海軍少将書ヲ「フランクリン　ルーズベルト」君ニ致ス。我今我ガ戦ヒヲ終ルニ当リ一言貴下ニ告グル所アラントス

日本ガ「ペルリー」提督ノ下田入港ヲ機トシ広ク世界ト国交ヲ結ブニ至リシヨリ約百年此ノ間日本ハ国歩艱難（こくほかんなん）ヲ極メ自ラ慾セザルニ拘ラズ、日清、日露、第一次欧州大戦、満洲事変、支那事変ヲ

経テ不幸貴国ト干戈ヲ交フルニ至レリ。之ヲ以テ日本ヲ目スルニ或ハ好戦国民ヲ以テシ或ハ黄禍ヲ以テ讒誣シ或ハ以テ軍閥ノ専断トナス。思ハザルノ甚キモノト言ハザルベカラズ

貴下ハ真珠湾ノ不意打ヲ以テ対日戦争唯一宣伝資料トナスト雖モ日本ヲシテ其ノ自滅ヨリ免ル、タメ此ノ挙ニ出ヅル外ナキ窮境ニ迄追ヒ詰メタル諸種ノ情勢ハ貴下ノ最モヨク熟知シアル所ト思考ス

畏クモ日本天皇ハ皇祖皇宗建国ノ大詔ニ明ナル如ク養正（正義）重暉（明智）積慶（仁慈）ヲ三綱トスル八紘一宇ノ文字ニヨリ表現セラル、皇謨ニ基キ地球上ノアラユル人類ハ其ノ分ニ従ヒ其ノ郷土ニ於テソノ生ヲ享有セシメ以テ恒久的世界平和ノ確立ヲ唯一念願トセラル、ニ外ナラズ、之曾テハ

四方の海皆はらからと思ふ世に
　など波風の立ちさわぐらむ

ナル明治天皇ノ御製（日露戦争中御製）ハ貴下ノ叔父「テオドル・ルーズベルト」閣下ノ感嘆ヲ惹キタル所ニシテ貴下モ亦熟知ノ事実ナルベシ。

我等日本人ハ各階級アリ各種ノ職業ニ従事スト雖モ畢竟其ノ職業ヲ通ジコノ皇謨即チ天業ヲ翼賛

セントスルニ外ナラズ　我等軍人亦干戈ヲ以テ天業恢弘ヲ奉承スルニ外ナラズ

我等今物量ヲ恃メル貴下空軍ノ爆撃及艦砲射撃ノ下外形的ニハ退嬰ノ已ムナキニ至レルモ精神的ニハ弥豊富ニシテ心地益明朗ヲ覚エ歓喜ヲ禁ズル能ハザルモノアリ。之天業翼賛ノ信念ニ燃ユル日本臣民ノ共通ノ心理ナルモ貴下及「チャーチル」君等ノ理解ニ苦ム所ナラン。今茲ニ卿等ノ精神的貧弱ヲ憐ミ以下一言以テ少ク誨ユル所アラントス。

卿等ノナス所ヲ以テ見レバ白人殊ニ「アングロ・サクソン」ヲ以テ世界ノ利益ヲ壟断セントシ有色人種ヲ以テ其ノ野望ノ前ニ奴隷化セントスルニ外ナラズ。之ガ為奸策ヲ以テ有色人種ヲ瞞着シ、所謂悪意ノ善政ヲ以テ彼等ヲ喪心無力化セシメントス。近世ニ至リ日本ガ卿等ノ野望ニ抗シ有色人種殊に東洋民族ヲシテ卿等ノ束縛ヨリ解放セント試ミルヤ卿等ハ毫モ日本ノ真意ヲ理解セント努ムルコトナク只管卿等ノ為ノ有害ナル存在トナシ曽テノ友邦ヲ目スルニ仇敵野蛮人ヲ以テシ公々然トシテ日本人種ノ絶滅ヲ呼号スルニ至ル。之豈神意ニ叶フモノナランヤ

大東亜戦争ニ依リ所謂大東亜共栄圏ノ成ルヤ所在各民族ハ我ガ善政ヲ謳歌シ卿等ガ今之ヲ破壊スルコトナクンバ全世界ニ亘ル恒久的平和ノ招来決シテ遠キニ非ズ

卿等ハ既ニ充分ナル繁栄ニモ満足スルコトナク数百年来ノ卿等ノ搾取ヨリ免レントスル是等憐ムベキ人類ノ希望ノ芽ヲ何ガ故ニ嫩葉ニ於テ摘ミ取ラントスルヤ。只東洋ノ物ヲ東洋ニ帰スニ過ギザルニ非ズヤ。卿等何スレゾ斯クノ如ク貪慾ニシテ且ツ狭量ナル。

大東亜共栄圏ノ存在ハ毫モ卿等ノ存在ヲ脅威セズ却ツテ世界平和ノ一翼トシテ世界人類ノ安寧幸福ヲ保障スルモノニシテ日本天皇ノ真意全ク此ノ外ニ出ヅルナキヲ理解スルノ雅量アランコトヲ希望シテ止マザルモノナリ。

飜(ひるがへ)ツテ欧州ノ事情ヲ観察スルモ又相互無理解ニ基ク人類闘争ノ如何ニ悲惨ナルカヲ痛嘆セザルヲ得ズ。今「ヒットラー」総統ノ行動ノ是非ヲ云為(うんゐ)スルヲ慎ムモ彼ノ第二次欧州大戦開戦ノ原因ガ第一大戦終結ニ際シソノ開戦ノ責任ノ一切ヲ敗戦国独逸ニ帰シソノ正当ナル存在ヲ極度ニ圧迫セントシタル卿等先輩ノ処置ニ対スル反撥ニ外ナラザリシヲ観過セザルヲ要ス。

卿等ノ善戦ニヨリ克(よ)ク「ヒットラー」総統ヲ仆(たふ)スヲ得ルトスルモ如何ニシテ「スターリン」ヲ首領トスル「ソビエットロシヤ」ト協調セントスルヤ。凡ソ世界ヲ以テ強者ノ独専トナサントセバ永久ニ闘争ヲ繰リ返シ遂ニ世界人類ニ安寧幸福ノ日ナカラン。

卿等今世界制覇ノ野望一応将(まさ)ニ成ラントス。卿等ノ得意思フベシ。然レドモ君ガ先輩「ウイルソン」大統領ハ其ノ得意ノ絶頂ニ於テ失脚セリ。願(ねがは)クバ本職言外ノ意ヲ汲ンデ其ノ轍(てつ)ヲ踏ム勿(なか)レ。

市丸海軍少将

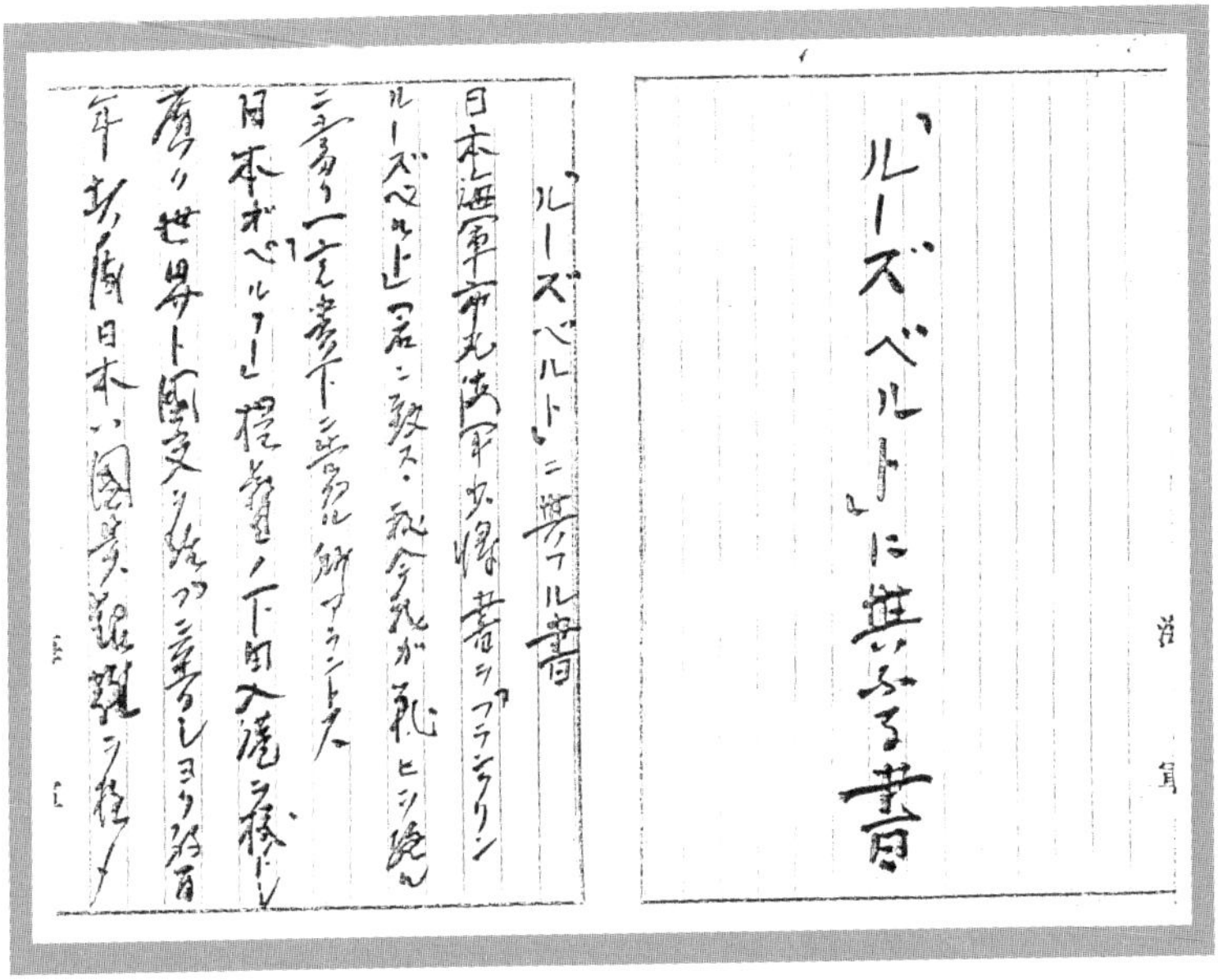

「ルーズベルト」ニ與フル書

「ルーズベルト」ニ與フル書
日本海軍市丸海軍少將書ヲ「フランクリン
ルーズベルト」君ニ致ス。我今我ガ戰ヒヲ終ル
ニ當リ一言貴下ニ告グル所アラントス
日本ガ「ペルリー」提督ノ下田入港ヲ機トシ
廣ク世界ト國交ヲ結ブニ至リシヨリ約百
年此ノ間日本ハ國歩艱難ヲ極メ

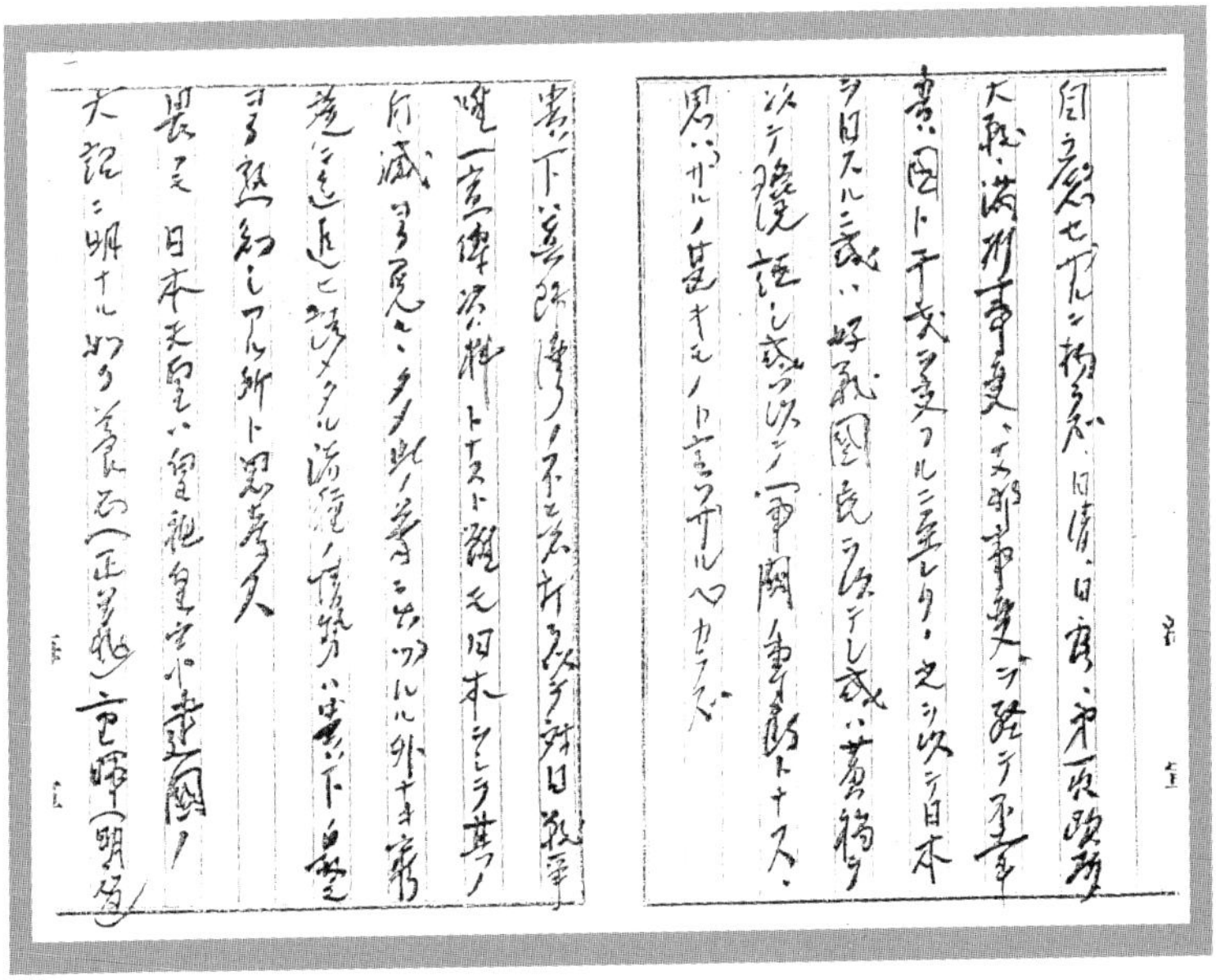

自ラ慾セザルニ拘ラズ日清、日露、第一次歐洲
大戰、滿洲事變、支那事變ヲ經テ不幸
貴國ト干戈ヲ交フルニ至レリ。之ヲ以テ日本
ヲ目スルニ或ハ好戰國民ヲ以テシ或ハ黄禍ヲ
以テ讒誣シ或ハ以テ軍閥ノ専斷トナス。
思ハザルノ甚キモノト言ハザルベカラズ

貴下ハ眞珠灣ノ不意打ヲ以テ對日戰爭
唯一宣傳資料トナスト雖モ日本ヲシテ其ノ
自滅ヨリ免ルヽタメ此ノ擧ニ出ヅル外ナキ窮
境ニ迄追ヒ詰メタル諸種ノ情勢ハ貴下ノ最モ
ヨク熟知シアル所ト思考ス
畏クモ日本天皇ハ皇祖皇宗建國ノ
大詔ニ明ナル如ク養正（正義）重暉（明智）

「ルーズベルト」に与ふる書

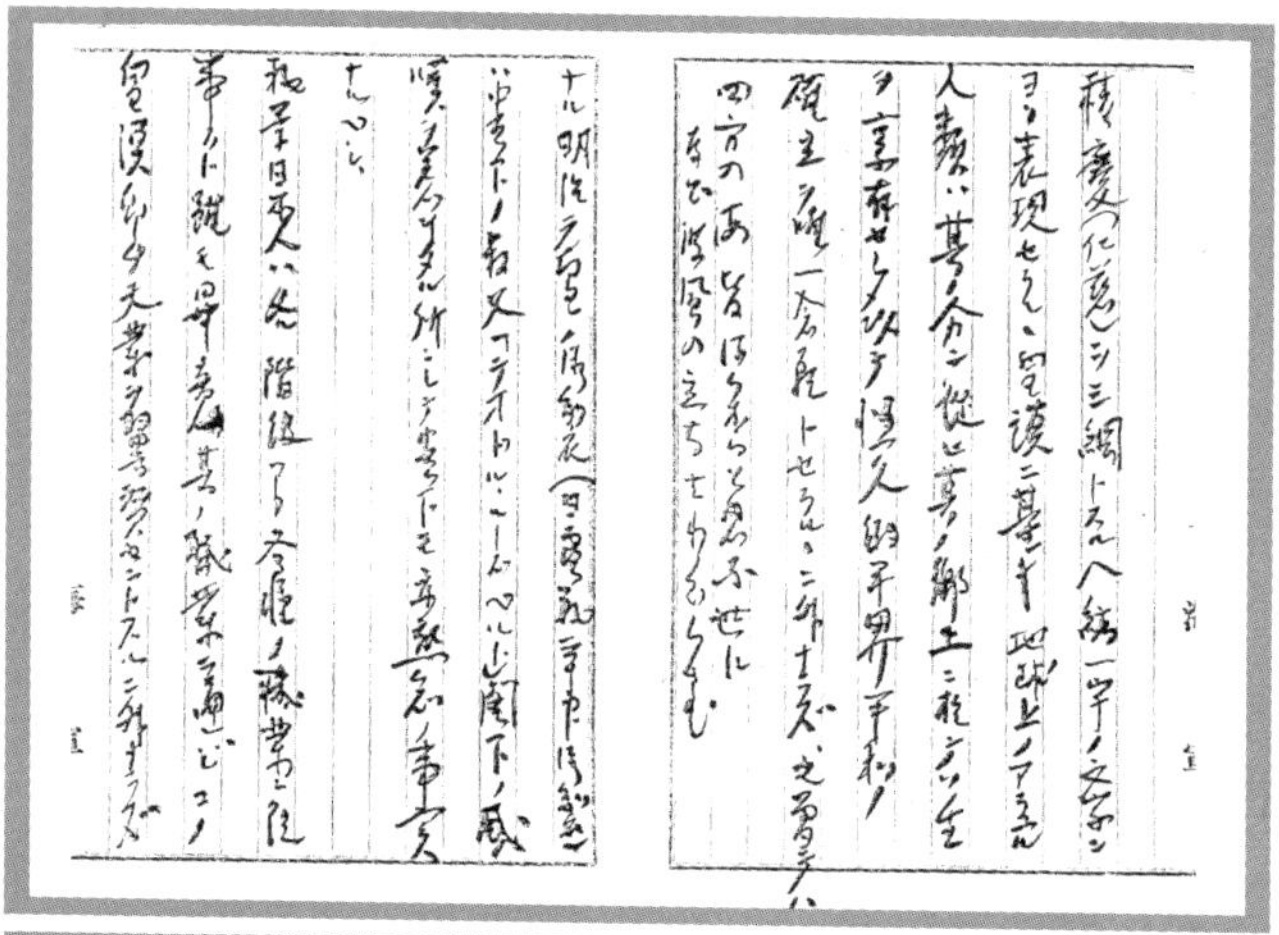

積慶(仁慈)ヲ三綱トスル八紘一宇ノ文字ニヨリ表現セラルル皇謨ニ基キ地球上ノアラユル人類ハ其ノ分ニ従ヒ其ノ郷土ニ於テソノ生ヲ享有セシメ以テ恒久的世界平和ノ確立ヲ唯一ノ念願トセラルルニ外ナラズ、之曾テハ
四方の海皆はらからと思ふ世に
など波風の立ちさわぐらむ
ナル明治天皇ノ御製(日露戦争中御製)ハ卿等ノ叔父テオドル・ルーズベルト閣下ノ感嘆ヲ惹キタル所ニシテ卿等モ亦熟知ノ事実ナルベシ
我等日本人ハ各階級アリ各種ノ職業ニ従事スト雖モ畢竟其ノ職業ヲ通ジ此ノ皇謨即チ天業ヲ翼賛セントスルニ外ナラズ

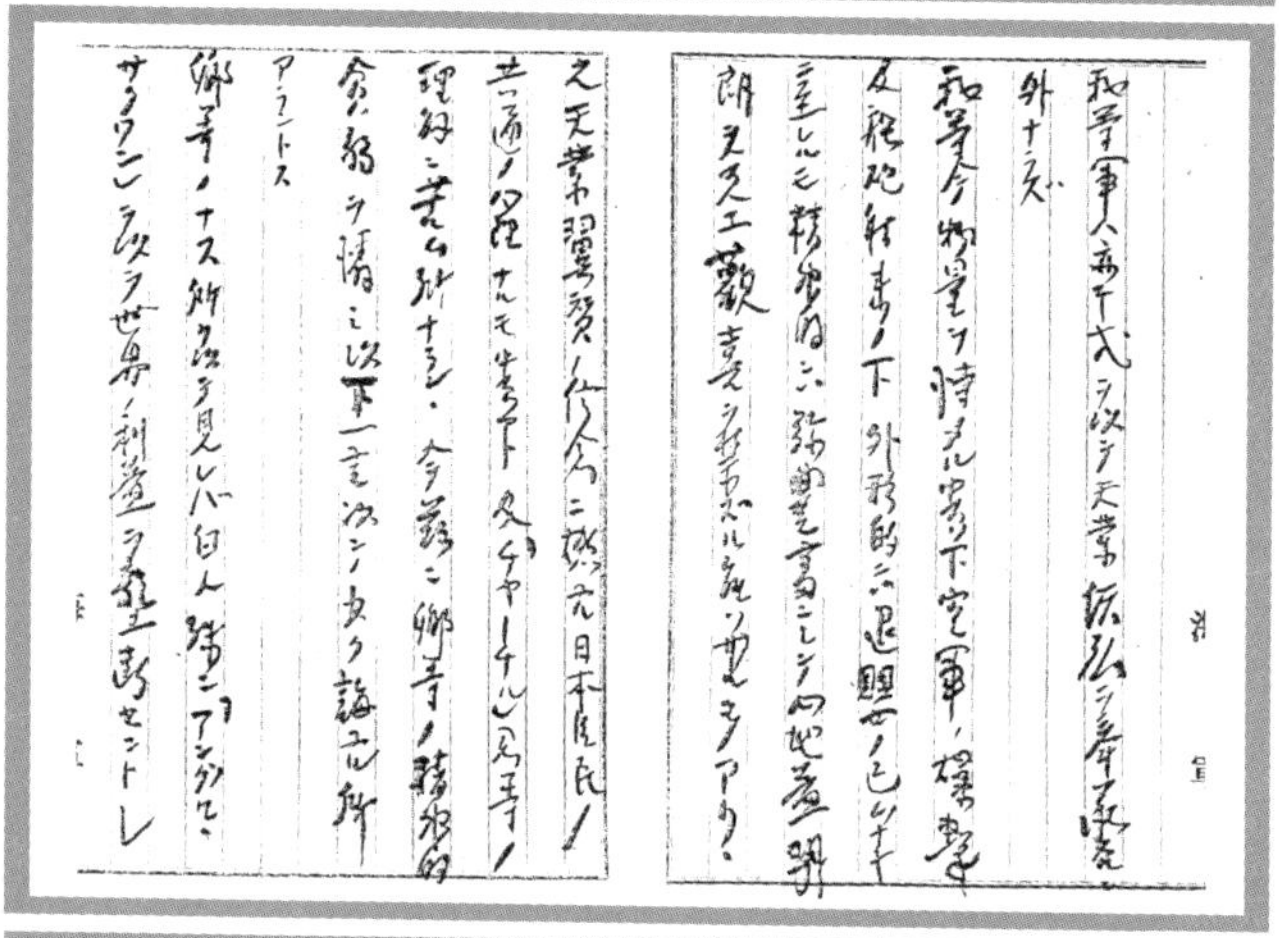

我等軍人亦干戈ヲ以テ天業恢弘ヲ奉承スルニ外ナラズ
我等今物量ヲ恃メル卿等空軍ノ爆撃及艦砲射撃ノ下外形的ニハ退嬰ノ已ムナキニ至レルモ精神的ニハ弥豊富ニシテ心地益明朗ヲ覚エ歓喜ヲ禁ズル能ハザルモノアリ
之天業翼賛ノ信念ニ燃ユル日本臣民ノ共通ノ心理ナルモ卿等及チャーチル君等ノ理解ニ苦ム所ナラン 今茲ニ卿等ノ精神的貧弱ヲ憐ミ以下一言以テ少ク誨ユル所アラントス
卿等ノナス所ヲ以テ見レバ白人殊ニアングロ・サクソンヲ以テ世界ノ利益ヲ壟断セントシ

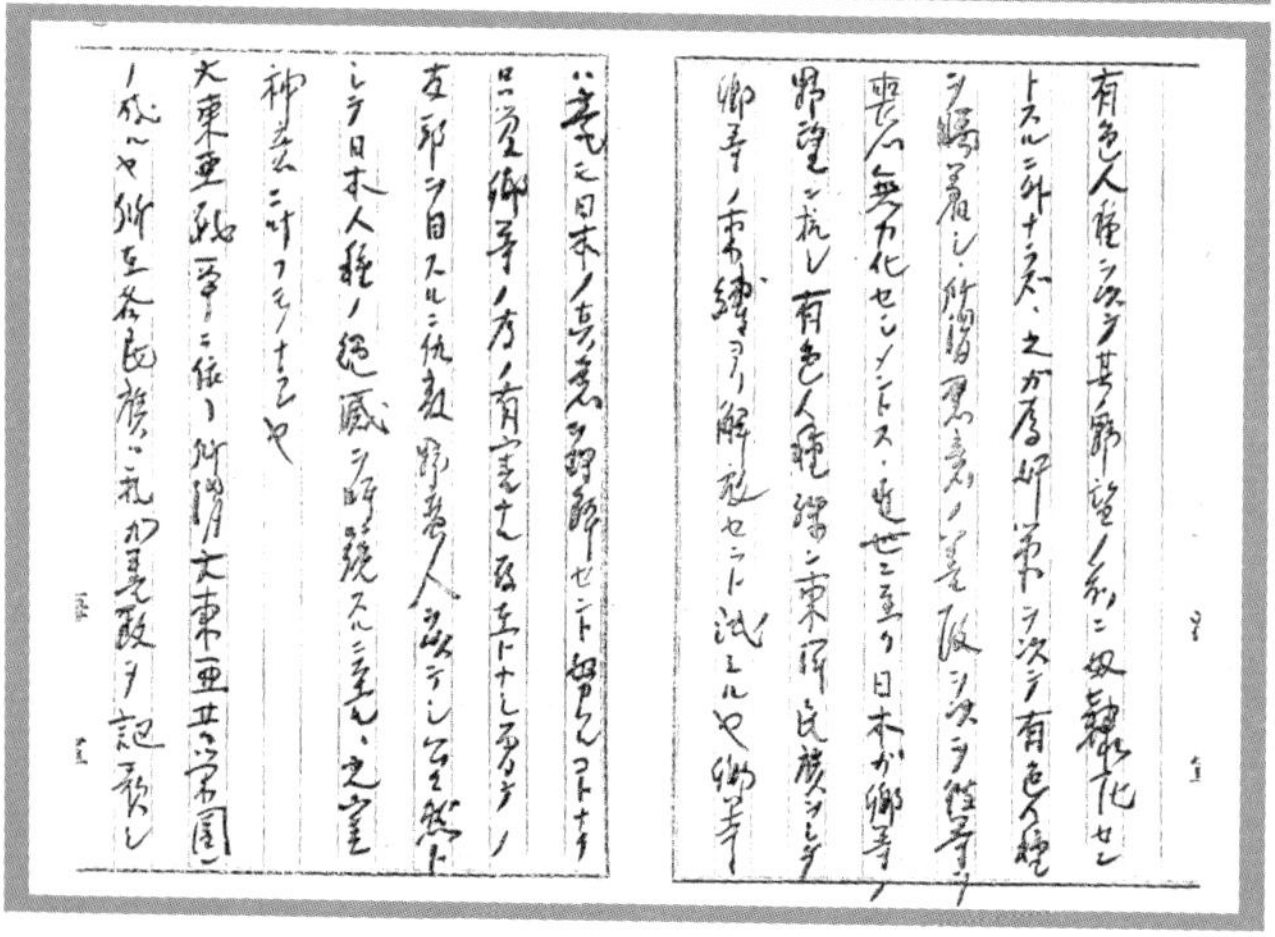

有色人種ヲ以テ其ノ野望ノ前ニ奴隷化セントスルニ外ナラズ 之ガ為奸策ヲ以テ有色人種ヲ瞞着シ所謂悪意ノ善政ヲ以テ彼等ヲ喪心無力化セシメントス 近世ニ至リ日本ガ卿等ノ野望ニ抗シ有色人種殊ニ東洋民族ヲシテ卿等ノ束縛ヨリ解放セント試ミルヤ卿等ハ毫モ日本ノ真意ヲ理解セントツトムルコトナク只管卿等ノ為ノ有害ナル存在トナシ曾テノ友邦ヲ目スルニ仇敵野蛮人ヲ以テシ公然トシテ日本人種ノ絶滅ヲ呼号スルニ至ル 之豈神意ニ叶フモノナランヤ
大東亜戦争ニ依リ所謂大東亜共栄圏ノ成ルヤ所在各民族ハ我ガ善政ヲ謳歌シ

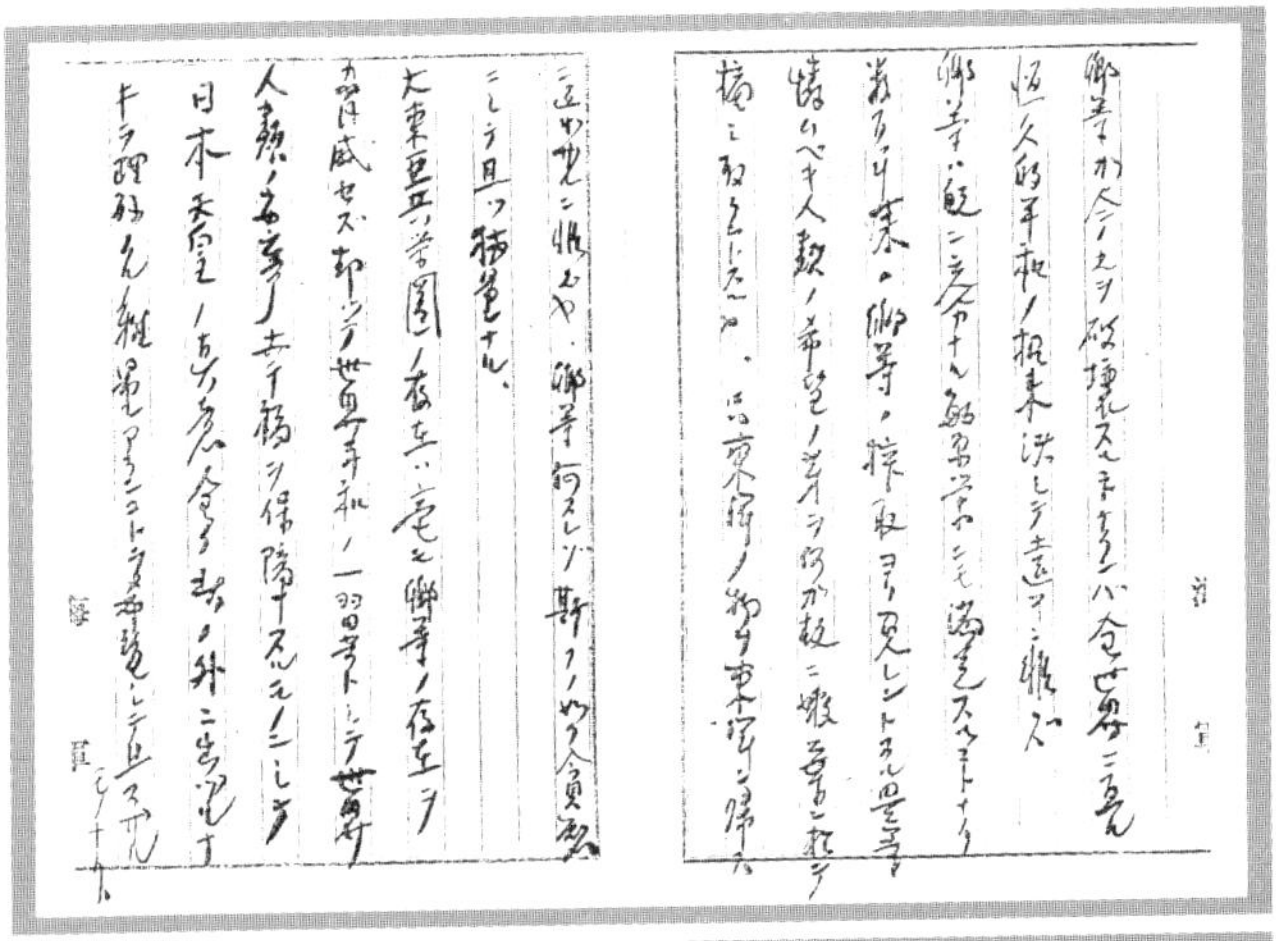

卿等ガ今之ヲ破壊スルコトナクンバ全世界ニ亘ル
恒久的平和ノ招来決シテ遠キニ非ズ
卿等ハ既ニ充分ナル繁栄ニモ満足スルコトナク
数百年来ノ卿等ノ搾取ヨリ免レントスル是等
憐ムベキ人類ノ希望ノ芽ヲ何ガ故ニ嫩葉ニ於テ
摘ミ取ラントスルヤ。唯東洋ノ物ヲ東洋ニ帰ス
ニ過ギザルニ非ズヤ。卿等何スレゾ斯クノ如ク貪欲
ニシテ且ツ狭量ナル。
大東亜共栄圏ノ存在ハ毫モ卿等ノ存在ヲ
脅威セズ却ツテ世界平和ノ一翼トシテ世界
人類ノ安寧幸福ヲ保障スルモノニシテ
日本天皇ノ真意全ク此ノ外ニ出ヅル
ナキヲ理解スルノ雅量アランコトヲ希望シテ止マザル
モノナリ

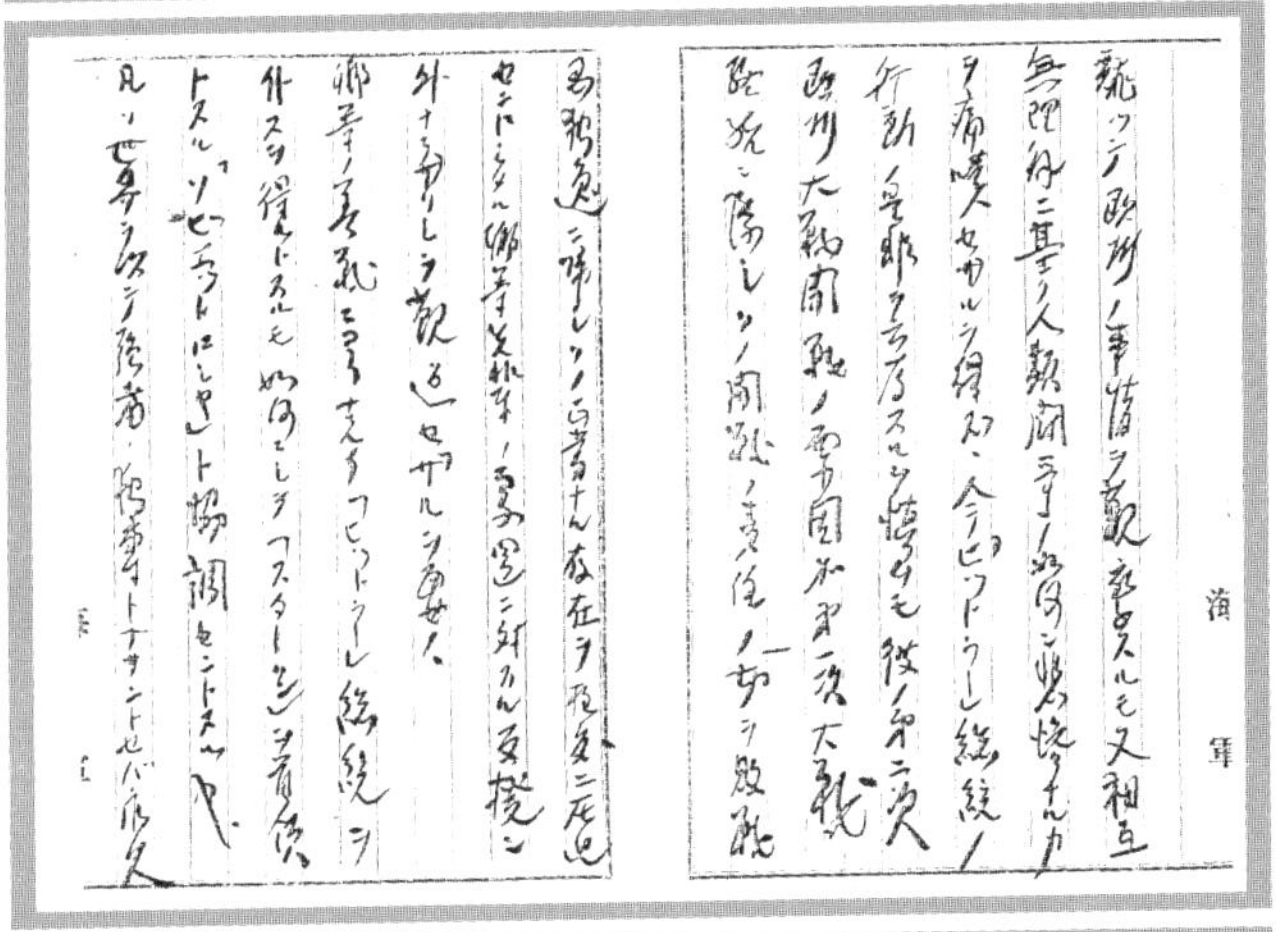

翻ツテ欧州ノ事情ヲ観察スルモ又相互
無理解ニ基ク人類闘争ノ如何ニ悲惨ナルカ
ヲ痛嘆セザルヲ得ズ。今ヒツトラー総統ノ
行動ノ是非ヲ云為スルヲ慎ムモ彼ノ第二次
欧州大戦開戦ノ原因ガ第一次大戦
終結ニ際シ其ノ開戦ノ責任ノ一切ヲ敗戦
国独逸ニ帰シ其ノ正当ナル存在ヲ極度ニ圧迫
セントシタル卿等先輩ノ処置ニ対スル反撥ニ
外ナラザリシヲ観過セザルヲ要ス。
卿等ノ善戦ニヨリ克クヒツトラー総統ヲ
仆スヲ得ルトスルモ如何ニシテスターリンヲ首領
トスルソビエツトロシヤト協調セントスルヤ
凡ソ世界ヲ以テ強者ノ独専トナサントセバ永久

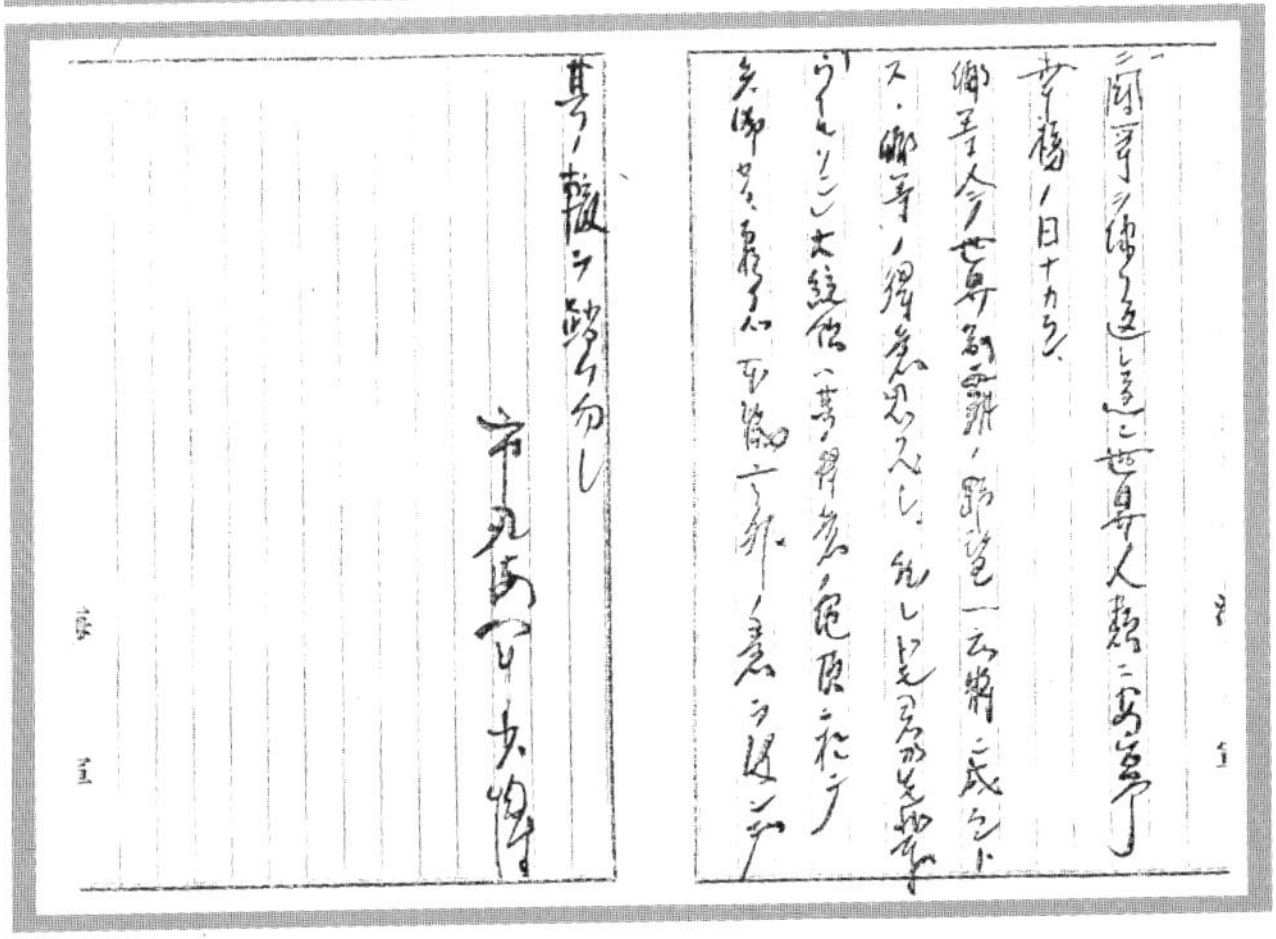

ニ闘争ヲ繰返シ遂ニ世界人類ニ安寧幸福
ノ日ナカラン。
卿等今世界制覇ノ野望一応将ニ成ラントス
卿等ノ得意思フベシ。然レドモ君ガ先輩ウ
イルソン大統領ハ其ノ得意ノ絶頂ニ於テ
失脚セリ。願クハ本職言外ノ意ヲ汲ンデ
其ノ轍ヲ踏ム勿レ
市丸海軍少将

参謀の腹に巻かれていた手紙

この市丸少将の手紙の内容については、読む人の国籍や年齢や歴史観や政治的信条によって、意見がさまざまに分かれることであろう。しかし死に臨んでこのような一言を遺したことに、なみなみならぬ志が感じられはしないだろうか。それも日本語の文章のみか英訳文まで添えていたのである。

私自身は『高村光太郎と西洋』について論じた時、光太郎の「栗林大将に献ず」という昭和二十年四月七日、『朝日新聞』に掲げられた詩を説明する際、栗林忠道が最高指揮官であった硫黄島の戦闘について米国側の聴衆にも説明できるようにと英文で書かれた硫黄島戦記を読み、そこに引かれている市丸少将の英文に心打たれた。これは尋常の軍人ではない、と感じたのが第一印象であった。死に臨んでルーズベルト大統領に自分の真意を伝えたい、という市丸利之助の態度に私は打たれた。たとい市丸少将の主張する日本の正義を首肯(しゅこう)しない読者であろうとも、一九四五年、硫黄島で勇戦奮闘した日本の一軍人が第二次世界大戦をいかなるものとして把握していたか、それを証するものとしてこの手紙の価値は認められるであろう。

だが市丸のルーズベルト大統領宛ての手紙の内容を吟味し、その是非を論ずるに先立ち、その手紙がどのようにして発見され、今日に伝わったかをまず記しておきたい。

昭和二十年三月十六日、栗林最高指揮官は三月十七日の夜十二時を期して総攻撃を行なう旨、最後の電報を東京の大本営に向けて打った。それは言い換えると、硫黄島における四週間に及ぶ組織的抵抗の終焉である。市丸司令官は十七日、海軍司令部の壕の守備は赤田参謀に委ねることとし、自分たちは陸軍司令部の壕に合流することとした。その移動に先立ち市丸少将は地下二十メートルの海軍司令部壕内に歩行可能の生存者およそ六十名を集め最後の訓示をした。市丸は部下将兵があらゆる苦難に耐えて善戦奮闘したことを謝し、七生報国、百年後の日本民族のために殉ずることを切望しながらも、決して死を急いではならず、いかに生きて敵を倒すかが肝要であるかをなお説いた。そして『ルーズベルトニ与フル書』を読みあげた。

その場に居合わせた将兵で唯一の生還者は後に重傷を負い米軍に収容された松本巖上等兵曹だが、松本は戦後帰国するや記憶していた概要を報じた（『小笠原兵団の最後』六四ページ）。また『ルーズベルトニ与フル書』は村上治重通信参謀ほかが腹に巻いて出撃した、とも報じた。すなわち三月十七日夜十一時、市丸司令官以下は数名の部付とともに陸海軍合同斬込みに加わるべく陸軍司令部に集った。ところが栗林最高指揮官は最後の突撃を延期した。「攻撃はあくまで敵に出血を強要するのが目的だ。玉砕ではない。いま敵は包囲体制にあり、我々は照明弾で発見される可能性が大きい。なお暫く様子を見たい」

一同はこうして待機した。十九日には陸軍第一四五連隊の壕に移ってひそんだ。部下たちはこの期に及んでなお作戦を練る栗林中将の気力に感銘した。中将は経験、能力、判断のすべてにおいて抜きんでていた。

日本の大本営はその間の事情がわからず、三月二十一日正午の発表で硫黄島が敵手に落ちたことを認めた。アメリカ海兵師団の掃蕩作戦は鈍化し、二十四日夜は照明弾もまばらとなった。照明弾打ち揚げを担当した駆逐艦も任務期限が満了し引揚げたのである。二十四日、市丸司令官と間瀬、岡崎両参謀は衛生隊の壕に移った。三月二十五日夜、敵の警戒が多少弛んだことを確認すると、栗林中将は最後の出撃を覚悟した。村上治重参謀もその斬込みに加わった。こうして二十六日早朝、陸海軍の残存兵力四百はアメリカ軍に気づかれずに壕の外へ出たのである。この日本軍将兵はひそかに南下し、第二飛行場の西にテントを張っていたアメリカ軍後方部隊を奇襲した。第七戦闘機隊整備隊がもっとも損害が多く、死者四十四名、負傷者八十八名を出した。しかし海兵隊が応援に駆けつけ戦闘が終ると、アメリカ海兵工兵大隊の前面には日本兵の死体百九十六体が倒れていた。約四十本の軍刀が拾い集められ、将校が多数この攻撃に参加したことが確認された。その遺体の一つから『ルーズベルトニ与フル書』の日英両文が発見されたのである。その事実は一九四五年四月四日、従軍記者エメット・クロージャー（Emmet Crozier）によっていちはやく打電された。市丸の英文の手紙を米国向けに発送すると、記事の末尾にその発見の経緯をクロージャー記者は次のようにつけ加えた。

市丸少将はこの手紙を訳させると日文英文各一通ずつを一海軍士官に渡した。その士官は三月二十五日から二十六日にかけての夜の間の最後の「万歳突撃」で第二飛行場の縁まで来て戦死した。手紙は二十六日朝見つかった。

市丸の幕僚の四名の参謀中、赤田参謀は三月二十一日夜十一時、自分に委されていた海軍司令部の壕内から三十度の急斜面を登って敵の機関銃目がけて突進した。その最後の突撃の時、赤田は褌(ふんどし)一本と軍刀一本であった。赤田はその自分の突撃の間に壕の他の口からほかの部下を外へ脱出させようと計ったのである。

市丸司令官自身と間瀬、岡崎の両参謀は離れた壕で孤立していたためか栗林中将の三月二十六日早朝の最後の斬込みに加わることが出来なかった。三人は三月二十七日夜十一時、衛生隊の壕から外へ出たところを機関銃に撃たれて戦死した。篠原桂市一等兵曹が三人が倒れている現場を目撃したといわれるが詳細はわからない。生き残って壕内にひそんでいた篠原兵曹自身が四月二十日に一四五連隊通信隊西入口で負傷し、自決して果てたからである。

以上のような硫黄島の戦闘の最後から推して、『ルーズベルトニ与フル書』の日英両文はともに村上治重通信参謀が腹に巻いて出撃した、と私は推定する。ただし米国海兵隊『硫黄島作戦史』*The Iwo Jima Operation* prepared by Capt. Clifford はこの手紙の発見について、三月二十六日午前五時十五分から行なわれた日本軍最後の反撃の後、硫黄島北部の洞穴 cave の中から見つかった、としている。時日についてはクロージャー記者打電の第二飛行場近くにまで迫った日本軍最後の総突撃の後、と一致する。ただ北部の洞穴の cave は日本軍流にいえば壕であるから、発見場所については一致しておらず、日本海軍司令部内に市丸が残しておいた別の二通がそのまま揃って米軍の手に渡った、という可能性も皆無ではない。しかし後年、編まれた戦史よりも硫黄島の現場にいたクロージャー記者が送った次の電文の方がやはり信憑性は高いのではあるまいか。

The rear admiral had the letter translated. He gave a copy both in Japanese and in English (as above) to a naval officer who went out to die at the edge of Chidori (No.2 airfield) in the last banzai attack during the night of March 25 and 26. It was found next morning.

（この文中にある千鳥飛行場は元山飛行場の誤りであろう。島の南にある千鳥飛行場が「第一」で、最後の総攻撃で日本軍がその縁まで迫ったのが元山飛行場「第二」の方だったからである。）

クロージャー記者の電報はしかし米国海軍当局によって一旦差し留められた。検閲が解除され『ニューヨーク・ヘラルド・トリビューン』紙以下各紙に報ぜられたのは一九四五年七月十一日であった。同紙には Letter of a Japanese Admiral, About to Die, to U.S. President という見出しがつけられた。「死に臨んだ日本の一提督の米国大統領宛ての手紙」である。同日付の『デンヴァー・ポスト』は市丸少将の手紙を転載した。ただしクロージャー記者の手紙の発見の経緯を含むコメントは省略されていた。Roosevelt Was Lectured in Nip Admiral's Letter「ルーズベルト、日本(ニップ)提督の書簡中で叱責さる」という見出しには勝者の側のゆとりのあるユーモアも漂うが、新聞編集者が市丸少将の手紙になにものかを感じたことをほのかに示しているとはいえよう。もちろん敗戦の将が大統領閣下に向ってなにを小生意気なことを言う、という感じは強かったであろう。

しかしこのように米国各紙に報道されたから、戦後アメリカ人で硫黄島の戦いについて著書を出そうとする人は市丸の手紙を話題とした。とくにジョン・トーランドが『昇る太陽——日本帝国滅亡史』J. Toland : *The Rising Sun —— The Decline and Fall of the Japanese Empire* 執筆のため来日し、硫黄島関係者と次々と面談するようになってから話が伝わった。市丸の遺書が日英両文ともアナポリス海軍兵学校記念館の地下倉庫に保存されているということは日本側海上自衛隊戦史室の人にも知られるようになった。一九七〇年に出版されたトーランドの右著書は一躍ベストセラーとなったが、本文中に市丸少将の手紙に言及したばかりかその英語全文を付録に掲載した。この手紙は市丸個人の私信に近い性格のものと思うが、そのこともあって、また遺言は文章にしたためるという伝統に即したこともあって、市丸司令官は昭和二十年三月 Note to Roosevelt を無電でアメリカ軍側に向けて発信することは考えなかった。あるいはそれだからこそ、こうして文章としてきちんと後世に伝わることを得たのであろう。他方、日本側でも生還した松本巌の証言もあって、昭和二十年三月十七日の市丸司令官の最後の訓示と『ルーズベルトニ与フル書』の朗読のことなどが遺族の間で次第に知られるようになった。

一九七五年一月二十三日、在米日本国大使館に一等書記官として通産省から出向していた村上健一はワシントンから遠からぬアナポリスに赴き、米国海軍兵学校記念館で市丸少将の『ルーズベルトニ与フル書』の日英両文を親しく見ることを得、そのゼロクス・コピーを入手することができた。村上健一は硫黄島で『ルーズベルトニ与フル書』を腹に巻いて最後の斬込みに突進し戦死した村上治重大尉の長男である。その時、遺児村上健一の頭の中にもいろいろな思いがかけめぐったことであろう。若い村上一等書記官に海軍封筒から日英両文の市丸の手紙を取り出して鄭重に示してくれたアナポリス海軍兵学校の関係者は、かつては父たちと殺し合いを演じたアメリカ海軍の士官たちである。また市丸少将が書いた『ルーズベルトニ与フル書』を読んだ時、村上健一はそれこそ余人には知り得ぬ感動を覚えたにちがいない。父の村上治重は、三十年前、『ルーズベルトニ与フル書』の朗読を聞き、日本の正義を信じ、この手紙を腹に巻き、突進して死んだ。そして敵軍の前面で倒れたことにより、自分の遺体から市丸少将の手紙をアメリカ軍の手に渡す通信参謀としての最後の使命を果したのである。

私はこの日米両語の遺書が米国海軍兵学校記念館にきちんと保存されていることを有難いことに思

う。では私たちはその遺書に一体なにを読みとればよいのだろうか。このような『ルーズベルトニ与フル書』をしたためて死んだ海軍軍人はどのような閲歴を経た人だったのだろうか。

第二章　予科練の父

挫折した飛行将校

日清戦争の際、黄海海戦で敗れ、威海衛（いかいえい）に逃げこんだ北洋艦隊の司令長官丁汝昌に降伏を勧告した日本海軍の司令長官伊東祐亨の手紙は、英文で認められていたが、敵提督の勇戦を讃えた情理兼ねそなえた一文として知られている。また日露戦争の際、旅順港封鎖に向った広瀬武夫少佐は、閉塞船の舷側に大きなロシヤ語の垂幕をつけさせたといわれる。広瀬は第一回の閉塞船から戻った後、上官八代六郎に向い「何卒単身旅順に赴き主将に説き人道の為め無用の流血を避け全海軍を日本人の手に委せんことを勧告したし」と諮（はか）ったというから、和平勧告のメッセージでもあったろう。しかし広瀬のロシヤ語の文章の内容は今日伝わっていない。

敵軍の将に宛てた手紙としてはそんな先例が思い出されるが、しかし日本軍優勢の中の伊東祐亨や広瀬武夫の場合と、日本軍敗勢の中の市丸利之助の場合とでは事情がまるきり違う。玉砕を前にしてルーズベルト大統領に宛てて一書を認めた市丸利之助とは一体いかなる海軍軍人か。

市丸利之助（一八九一～一九四五）は「イチマル　リノスケ」と読む（米国側が T. Ichimaru と書くのは米軍の語学将校に訊問された日本側捕虜が誤って名前をトシノスケと読んだためであろう）。市丸利之助は日本の予科練の育ての親である。昭和初年、日本海軍の花形パイロットを養成した市丸がしまいには飛行機を持たぬ航空戦隊司令官として死んだ運命にアイロニーを感じる人は多いだろう。だがそんな追いつめられた状況下で、武器すらもなくなった時、筆でもってなお自己の立場を主張した市丸利之助に私は類稀（たぐい）ななにものかを感じるのである。私はその人の手がかりがなにかつかめぬものかと思って生れ故郷の唐津へ行ってみた。市民会館でさりげなくたずねてみたが、窓口の若い人は誰も知らなかった。わずかに唐津神社の年配の宮司さんは「戦争中はそれは有名な郷土の偉人でございましたがねえ」と言われた。

市丸利之助は明治二十四年九月二十日、佐賀県東松浦郡久里村（現在の唐津市柏崎）に生れた。松浦佐用姫（さよひめ）の伝説で知られる鏡山の頂上から見おろすと、虹の松原が弧を描いてひろがり、その向うは玄界灘である。松浦川が唐津城の横を流れて海に注いでいる。利之助はそのころはまだ橋のかかっていなかった松浦川を舟で渡っては唐津中学校へ通った。後の唐津東高等学校である。船頭代りに自分で舟を漕ぐこともあった。

明治四十三年、唐津中学を第十回生として卒業した利之助は海軍兵学校に進学した。そして兵学校卒業直後、ヨーロッパで起った第一次世界大戦は武器としての飛行機の可能性をさし示した。彼はパイロットとしての道を選んだ。その種の選択は軍国主義などとおよそ無縁な選択で、昨今の若者の中に毛利衛さんや向井千秋さんに憧れて宇宙飛行士を志す者がいるのと大差ない。御長女市丸晴子さんのお手紙によると、市丸利之助は大正八年フランスからペラン中尉が水上飛行機の教官として来日した際、第一期専修員として操縦・射撃の訓練に参加した由で、その記念碑は浜名湖畔にあるという。

大正十五年五月五日、三十四歳の市丸少佐は霞ヶ浦航空隊で飛行訓練中、飛行機の操縦索が切断し墜落した。右大腿骨骨折、頭蓋骨骨折、右股関節脱臼、顔面骨複雑骨折という瀕死の重傷である。一命こそとりとめたものの、築地の海軍病院を初めとして数年間にわたり三度の大手術を受けた。艦上機班操縦者教育主任だった市丸は、自分はもはや現役に留まることは出来ないのではないか、という不安な思いに囚われた。長い療養の後、退院したが、歩行もままならない。自宅で赤ちゃんだった長男のお守りをしていて、その子がよちよち歩き出すと、もう追いつくことも出来なかった。しまいに腰骨を金属の蝶番(ちょうつがい)で支え、杖をついて辛うじて歩けるようにはなったが、負傷による後遺症は残った。自分は職場に復帰できるのか。公務による負傷とはいえお情けで海軍に残ることはいさぎよくない。

市丸は悩んだ。市丸は生涯杖をつき、ややびっこをひいて歩いた。検閲のときもびっこをひきながら一巡した。その姿を東京高師出身の上野重郎海軍中尉が戯画化してスケッチしたのが、上野の遺作集に残されている。そんな市丸だったが、後年こんな歌を詠んでいる。

大腿(だいたい)の骨頭(こっとう)を撫(な)み右足の肉の衰へ見れば悲しも

市丸利之助の写真は硫黄島の戦史関係の書物に出ているが、眉間に皺が寄り、硫黄島の最高指揮官の栗林忠道陸軍中将の眉目秀麗と対をなしている。部下だった松本上等兵曹は「少将は一種独特のマスクの持主であった。人を射すくめる様な爛々と輝く眼と口数の少い人で、戦傷の片足を桜の杖に托して歩かれた後姿が今も眼前によみがえってくる」と回顧している。戦傷は誤りで墜落事故の時の外傷で片脚をひき、かつ両眉の間が不自然に歪んでいたのである。

一旦は回復に向うかに思われたが、昭和二年九月、右大腿骨頭がまた悪化し、十二月赤坂見附の前田病院で再手術を受けた。この長期の療養中、悩むことの多かった市丸は、あるいは哲学書も読み、あるいは禅の師家の門も叩き、妻にすすめられて日蓮の教えも考えた。田中智学の国柱会にもはいった。市丸が正信に入るまでを語った記事が国柱会の機関誌『立正教壇』の昭和三年十月と十一月に出た第一巻第五号と第六号とに載っている。

肉体的にも精神的にも呻吟することの多かった市丸は療養中、漢詩や短歌や俳句、書や墨絵、また宝生流の謡いまで学んだ。この強制された長期休暇の中で市丸が自らを棄てず、この種の修養に励んだことが、市丸利之助という深みのある人格を形成するのに寄与したのだと思う。

同期の軍人たちはすでに上に進んでいた。市丸は回復の目処（めど）がついた時、これからは民間人としての道を進もうと思い、辞表を懐にして海軍省人事局へ出頭した。同じような事故に遭い、自分よりもさらに重傷を負った同僚の中にはすでに海軍を去った人もいた。後年たまたまその人に会った時の歌が『冬柏（とうはく）』に載っている。

松葉杖つく我友と東京に会ふ同じ年傷つきし友
修繕に義足はやりつその後頬も再手術せり友はかく云ふ

第一首「松葉杖つく我友と」は「松葉杖つく我（われ）、友と」でなく「松葉杖つく我友（わがとも）と」と読む。市丸はこの歌を詠んだ昭和十六年、自分は海軍に留ることが出来てよかったと心中で感じたのではあるまいか。辞職を覚悟していた市丸に対し、海軍は思いもかけぬ新しいポストを用意してくれていた。藤田尚徳少将（海軍省人事局長、大正十五年十二月一日〜昭和三年十二月十日）、松下元少将（同、昭和三年十二月十日〜五年十二月一日）、あるいは小林宗之大佐（人事局第一課長、昭和二年十二月一日〜四年十一月三十日）らが市丸の人柄を見込んでの特別の配慮と思われるが、昭和四年、市丸少佐は海軍予科練習生の設立委員長に任命された。そして昭和五年には引き続き予科練の初代部長として一期生の教育から始めて彼等が卒業した後までの五年間を追浜（おっぱま）で暮すこととなった。それは市丸利之助が教育者として返り咲いた時期であり、市丸にとっても妻のスエ子にとっても忘れることのできぬ印象深い五年間となるのであった。

予科練の育ての親

日本海軍では山本五十六らがいちはやく航空機の重要性に着目していたことは知られている。昭和五年、横須賀海軍航空隊内に少年航空兵の教育機関として予科練習部が発足し、市丸少佐がその初代予科練部長に任命された。部長とは校長であり、実質上の最高責任者だから、市丸利之助こそ日本の予科練の育ての親だといっていい。

この海軍飛行予科練習生というのは小学校高等科卒業生を対象に三年の課程で飛行搭乗員の養成を行なう志願兵兵種であった。市丸が手塩にかけて教育に当った昭和五年入学の第一期生は七十九名、六年入学の第二期生は百二十八名、七年入学の第三期生は百五十七名であった。第一期の最年少者は大正四年生れ満十四歳、最年長者は大正二年生れ満十六歳だったという。
市丸は「積極的能動的ナル航空兵ノ性格ノ養成」を重んじ、

航空兵ヲシテ克ク是等ノ性格ヲ涵養セシムルタメニハ常ニ其ノ人格ヲ認メテ責任ヲ負ハシムルニ在リト思考致シ候。

と述べている（倉町秋次著『豫科練外史I』、教育図書研究会、昭和六十二年刊）。江田島の海軍兵学校で自分が受けたような、生徒に対する尊敬と自敬の環境が、少年航空兵の養成にも必要だと考えたのである。
市丸部長やそれを補佐した浮田信家分隊長の細かな配慮など真に驚くべきものがあるが、一期生が昭和五年六月一日に入隊した直後、浮田大尉は全国津々浦々に散在する少年たちの両親に宛てて懇切丁寧な挨拶状を送って理解を求めている。

既に六月も中旬となり暑さも次第に加はつて参りましたが皆様御変り御座いませんか、御伺ひ申上げます。偖て今般〇〇殿には航空兵を志願され、八十人中一人といふむつかしい試験に目出度く合格されて少年航空兵として採用され、予科練習部に御入隊されたことを深く御よろこび申上げます。斯くなつたことは合格者各自の努力にもよることと存じますが、また父兄に於てなされたる御尽力もうかがはれて、ただただ敬服の外ありません。

そして体格検査の経緯や「三日の午後は皆軍服に着替へ、四日から授業を始めて居ります。六日には海軍部内の諸星が集られ盛大な入隊式が行はれ、続いて予科練習部新築落成の竣工式があり」いよいよ落ちつくこととなった旨を報じ、分隊長として自己紹介をし、少年航空兵の採用の意味を説明した。

御承知の通り刻下挙国一致、財政緊縮を実行し、また世界を挙げて海軍の軍備縮小に努めてゐる真只中にかうした新規拡張の而も世界にも例のない新計画が実現されたといふことは、日本の現状が航空方面に大いに嘱望するためでありまして、御同慶の至りに存ずる次第であります。

世界にも例のない新計画というのは日本の予科練制度が世界でも初めて行なわれた少年航空兵養成の試みだったからである。軍備を制限された水上艦艇に代って航空兵力を充実したい。緊縮財政の下では兵学校出身の士官とちがって人件費が安くすむ少年航空兵の数をふやす以外に手はない。第二次大戦中、零戦を駆って最後まで活躍した操練出身の坂井三郎は、『零戦の真実』(講談社)で、米国はパイロットをみな士官扱いしたのに日本はなぜそうしなかったのか、という批判を率直に記しているが、昭和初年の日本としては予科練習部は財政的見地からする苦心の試みであった。「御同慶」といえるかどうかは別として、当時の貧しい日本にはそれ以上は望めなかった組織であろう。

分隊長の手紙に戻ると、浮田は教育主任の市丸利之助以下を紹介し、予科練では最初の三年間は飛行機には乗せず、専ら中等程度の学力の養成を行ない、その後ではじめて一人前の飛行機乗りに仕上げられることを説明する。

入隊すれば直ぐにも飛行機乗になれるとでも思つて居られた方があつたなら一寸期待に外れたことになりますが、一番高い木の根は一番深いのであります。充分飛行機にも乗れ、戦闘に処して立派に働けるためには、餘程しつかりした根が必要なのでありまして、その辺も充分御承知の程御願申します。

戦前の日本海軍が志願兵の家庭に向けてこのような意を尽した広報活動をしていたのかと思うと、その開けた姿勢に感心せずにはいられない。

「多数の教官と分隊士、教班長とそれに皆様御家庭と相携へて密接な関係を保つことによつて、立派な航空兵を作ることが出来るだらうとそれを楽しみに致して居ります」

「家庭と隊員の交渉頻繁のもの程素直に順調におつとめが出来る様に見て来て居ります」

「面会は大いにおすすめいたします。隊では課業時間外（お忙しい時なら課業中でも）は、面会は差支へないことになつて居ります。御出の折は是非小生も御目にかかつて御意見など伺ひたいと思ひます」

そして分隊長は私宅の住所や「普段は夜は隊に居ない時は在宅して居ます。土曜日曜は大概居ます」とまで書き添えている。

終りに〇〇君は現在大いに元気に日を送つてゐますから御安心下さい。

一寸御挨拶迄

六月十日

海軍大尉　浮田信家

〇〇殿

こんな行き届いた手紙を受取った家庭は、それが印刷物であったにせよ、感激したに相違ない。このような薫陶（くんとう）を受けた生徒たちが市丸部長や浮田分隊長を慕ったのは当然であった。

一体公私を問わず教育機関は設立された当初の数年間はおおむね溌溂として内容充実したものとな

る。市丸部長時代の予科練のごときは、尺度のとりようによっては、世界の教育史上でも稀なほどの人材の育成に成功した例といえるのではあるまいか。そのことがとりもなおさず予科練出身者の栄光と悲惨とにつながるのではあるが。

教育者としての面影

倉町秋次が著した『豫科練外史』には当時の生徒たちの貴重な作文がいくつも拾われていて、教育者としての市丸利之助の面影が浮ぶ。

教場にあつては、熱そのもののやうな口調で吾等を諭され、夜戦に、雪中行軍に、何時も吾等と行動を共にされ、細かく気をとめて御指導下さつた。また、荒崎幕営の時、不自由な御身体をも顧みず、競泳に参加して、吾等に意気をお示し下さつたことは忘れられない。（大西幸雄）

この荒崎幕営というのは毎年夏休み、上級生は帰郷する。だが六月入学の一年生はまだ休暇なしで残っている。その一年生が三浦半島の先端に近い荒崎海岸で合宿したのである。学校からまずランチで横須賀に向い、そこから大楠山を越えて三浦半島を徒歩で横断する。そこで一年生同士で広い長浜で思いきり遊泳した。昭和初年の小学校にはプールはなかったし、山国育ちの少年の中には入隊まで海を見たことすらない者もいた。その少年たちが二週間のテント生活の後に有志は競泳や遠泳に参加する。

荒崎の幕営では、我らは部長の大きな傷痕を見て息を飲んだ。しかし市丸部長は遠泳に、飛込みに範を示し、力づけて下さつた。（森田薫）

泳ぎの飲み込みの悪い私たち少数の者に、市丸部長、浮田分隊長までが一々親切に教へて下さつたお蔭で、どうやら泳ぐことができるやうになつた。その時の有難さと嬉しさは、筆舌に尽すこともできない。私たちの疲れた時には拍手して力づけて下さつたり、その深い御心遣ひは生涯忘れることはできない。そして全く思ひもかけず長浜、荒崎間の遠泳を皆と一緒に泳ぎきることもできたのである。（太田晴造）

荒崎は風光に恵まれた土地である。少年たちは「あゝ何といふ絶景だらう」と次々と感激の声をあげた。炊事当番は総員起床より十五分前に起きる。

暫くすると起床ラッパが海岸沿ひの山並みに谺して響き渡る。総員起床、幕当番は側幕を上げる。すばやく床をあげて顔を洗ひに出ると、朝露にぬれて生々として草や木が、まづ私たちの精神を朗らかなものにしてくれる。赤く照り映える東天、淡く裾を引く富士の麗姿、眼に入るものすべてに黎明特有の活気が漲つてゐる。（浦田豊四）

そして夕方。

赤い入日を背に厳然と立つ富士。何といふ荘厳。黙つて見てゐるうちに、富士が歩き出して自分に近づいて来て厳かに語りかけてゐるやうな気がする。時のたつにつれて、次第に空の赤さは薄れ、富士の輪郭も淡くなつて行く。（綾部吉次郎）

この荒崎のテント生活で市丸部長は少年たちに、

「富士の如く快適雄大であれ」

と説いた。市丸は初代部長としてこの種の幕営生活を立案実施したばかりか、参加した少年たちに感想を書かせた。倉町氏によれば予科練第二期生の荒崎の思い出は、ザラ紙で二寸ほどの厚さに綴じられ、「幕営雑感」と墨書した表紙がつけられてあった。その表紙裏には、当時はまだ艦隊勤務を想定してのことであろうが、末の方にこんなことも記されてあった。

「節水ニ就テ注意ヲ喚起スルコト」

東郷元帥

市丸部長が少年航空兵に施した教育にはこんな工夫もあった。毎年、六月入学の新入生が一ヵ月の基礎教育を了え、帽子をとった生徒たちの額に日焼けの痕がくっきりとつく頃、生徒たちは東京行軍をする。行軍といっても横須賀から首都まで歩くわけではない。東京駅で下車すると、隊伍を整えて、宮城を拝し、バスを連ねて靖国神社、明治神宮、さらには泉岳寺などへまわるのである。車の少なかった昭和初年のことだから、銀座その他の目抜き通りを行進することもあった。いまでいえば中学三年生が修学旅行に出るのと変りないが、あのころの日本ではそんな旅行の機会にめぐまれる子供は少なかったから、東京を初めて見て驚いた者もいた。

「目のあたり見る広い道路を挟んで、七階八階の高屋が長城のやうに建ち並び、まるで夢のやうだ」(泉山裕)

昭和七年七月十九日の東京行軍の際、靖国神社から明治神宮に行く途中、八台の貸切バスは麴町で停った。分隊長や分隊士の乗っていたバスでは予告があったが、予告のなかった車の者もいた。植込みの多い屋敷町を歩くと、御影石の門柱に「東郷平八郎」と書かれている邸にはいる。玄関前に整列する。

「閣下が出て来られたら挙手注目の敬礼をなせ」

と市丸部長が命令口調でいう。それから市丸はベルを押して案内を乞うた。取り次ぎに出た中年の女性に来意を告げる。

「私の目にはその人も何か偉い人のやうに見えた。この家に住んでゐる人は総て偉い人のやうに思はれた」(野田卓夫)

幼いころから耳にし、絵に見てきた東郷元帥がいま現実に現れるのかと思うと予科練第三期生百五十七名は皆緊張して玄関先から目を離さず起立して待っている。やがて玄関の無塗りの粗末なガラス張りの戸が中から静かに開き、軽い草履の静かな音がして「生ける国宝東郷元帥は我等の前に現れたのである」(栗原瀞)。生徒たちは一瞬、例えば神木の多い荘厳な社前に額づいた時のような気持となった。質素な木綿絣(もめんがすり)に袴をつけた元帥は皆の礼に軽く頭を下げた。目近に立った老元帥は、顔は写真で見た顔だったが動作に力はなく、足もとはよろよろしていた。市丸部長が東京行軍の次第を報じ、先日まで病床にあった元帥にお見舞いの言葉を述べると、東郷は市丸の報告を一句一句頷くよう

に聞き、聞き了えると、

「本日はわざわざ東郷をお訪ねくだされて有難う」

と言い、低く、重い、ゆったりした口調で語り出した。東郷は「何事も平素の鍛錬が大切である」と諭した。陣内保はこう書いている。

「初めて拝聴する閣下の御声を一言一句も聞き洩さじと聞き入つた。三十年前に、わが郷里対馬沖で発せられた御命令もこの御声であつたであらう。一句一句力を入れて訓示される眼は、当時の海戦を思ひ出されたかの如く輝いて見えた」

東郷平八郎が二年後世を去った時、その国葬の際、かつて麹町の私宅を見舞った三期生から十八名が選抜され、儀仗隊員として霊柩の前後に近侍した。その昭和九年六月五日、空には指揮官大西司令の搭乗する飛行艇を先頭に二十一機の編隊が弔礼飛行を行なった。編隊が葬列の流れに向けてゆるやかに高度を下げた時、品川沖に碇泊していた戦艦伊勢が十九発の弔礼砲を打ち出した。

空戦他年報効ヲ期ス

市丸部長は昭和七年、日本海軍の最年少の兵士たちを八十四歳の東郷平八郎に会わせることでもって、ほかの誰よりも永く日本海軍の栄光を将来に伝えようとした。近くに立った予科練の生徒の中には東郷元帥の唇が微かに震え、声がかすれがちなことに気づいてそのことを率直に作文に記した者もいた。だが一代の名将と少年兵との出会いは、東郷にとっても慰めであったろうが、それ以上に予科練生徒の胸中に忘れがたい思い出を残したに相違ない。そのような老将との出会いの場を設定したところにも市丸利之助の教育者としての並々ならぬ才覚が感じられる。察するに唐津出身の市丸は東郷元帥の副官をつとめた小笠原長生——小笠原家は唐津の大名であった——と懇意であったから、その伝でこの訪問も実現したのであろう。

市丸部長の予科練における教育は、太平洋戦争勃発後の教育とは違って、少数精鋭の養成を目的とし、海軍兵学校の教育に似ていた。毎朝五時十五分（冬期六時十五分）市丸部長は号令台に立って生徒たちの挙手の礼を受ける。厳かな答礼。短い訓示。そして最後に、

「本日の課業につけ」

と凛とした声でいう。

ある朝は起床直後の練習生総員に運動場集合を命じ、

「しばし太陽を拝んだがよろしい」

と言った。清新な海の空気を呼吸しつつ朝日が昇るのを凝視する。そこで部長は明治天皇の御製を朗唱する。

さしのぼる朝日のごとくさはやかにもたまほしきは心なりけり

朗唱二回、御製は心に深く印象される。生徒たちはおのずとなにか会得（えとく）するところがある。練習生が規則にそむいた時、一同を集めて黙然と見おろし、

「朝日に向ったらよかろう」

と一言いって、練習生とともにしばし朝日を凝視したこともあった。

市丸は生徒たちに、

第一に人間たるの資格を失ふ勿れ。
第二に帝国海軍軍人たる資格を自覚せよ。
第三に各自の実力を涵養すべし。

と訓示した。人間たることが軍人たることより先に示されているところに市丸利之助の面目がある。それは昭和二十年三月、『ルーズベルトニ与フル書』にいたるまで一貫した姿勢なのである。以下に市丸部長の教育者としての面影を伝える生徒たちの言葉を拾わせていただく。

人の人たるべき道を行へと修身の時間に受けた講話は常に我等の心を打ち、我等は斯くあらんものと心に誓ひその実行に努めた。市丸部長は我等を部下としてこの上なく愛された。我等もまた部長の話を承る時は、誰として一言を発する者もなく、咳をも出さず、真に静粛の中に一言も洩らさじと傾聴した。時には瞑想の中に、時には広々とした海に向つて、部長の言葉は我が心に蘇り、勇気づけてくれるのである。（森田薫）

寒中稽古の際も、市丸は不自由な身体であることを意に介さず、自ら竹刀（しない）を取って生徒に対した。西村生徒が満身の力をこめて体当りしたが、部長は頑として動かなかった。ただ体の不自由な市丸はそれに負けまいとしてか、長軀を常にそり返らせて歩く風があった。市丸中佐の講話にはこんな話もまじった。

「進路はお前達で開くのだ」
「進級が少し遅いとか早いとかいふやうなことに拘泥しないで、一生懸命にやれ。お前達の努力による成績如何によつて進級は早くも遅くもなるのだ」

中浜盛人生徒はまだ進級の遅速が気になるにしてはあまりに若い生徒だった。市丸は事故で出世の遅れた自分に対する自戒の言葉としてそんな訓示も垂れていたに相違ないのである。しかし少年たちも市丸中佐は体が不自由であるからこそ実施部隊から退いて教育に専念しているのだ、と思っていた。倉町秋次は昭和八年、東京高等師範学校を卒業すると、新調の背広に着替えて追浜の予科練に新参の教師として着任したが、教育者としての市丸を回顧してこう評している。

予科練創設に先立つ五年前に飛行機事故の怪我のために市丸さんは郷里唐津に帰って静養した。この時、生きることの意義、生と死の問題と真剣に対決した。氏の教育理念はそこから出発している。氏は一介の武弁ではなかった。練習生に海軍精神の権化(ごんげ)を求める前に、その狙いは遠く人としての全人教育を目指していた。絵画や書道の教師を外部から呼んだり、小鳥や兎などを飼育させたり、草花を栽培させたりして情操陶冶(とうや)の面にも心を配った。

そしてこう結論する。市丸利之助は自分が闘病中の読書や考察を整理することで練習生たちに精神生活の目標を差し示した。それは道徳倫理の空転ではなかった。自らの体験が生かされていたからこそ練習生たちも自発的に実践できる内容の裏付けがあったのだ。倉町はこう回顧する。

思うに、知識や技術を伝達し得る人は多いが、人間の魂を培うことのできる人は稀である。市丸部長はこの数少ない天稟（てんりん）の資質（ししつ）の所有者であった。

生徒たちは市丸中佐はそのままずっと予科練の父として部長の職に留るものと思っていた。それだけに昭和八年十一月、佐世保航空隊の副長として転任することが発令された時、一同は別れを惜しんだ。

市丸部長の口調はむしろ訥弁（とつべん）であるとはいへ、どことなく侵すべからざる威厳を以て一言一句吾等の心を刺すものがあつた。その教へは、脳裏に固着して忘れることはできない。（佐藤利美）

こうした一連の文章は市丸が九州に去った後、当時の三期生が書いたものだが、秋雨の中、不自由な足どりで去って行った市丸前部長を見送る生徒たちの真情が感じられる。

「海軍さん」

かつて「大空の勇士」として早期訓練を受けた予科練生がどれほどの国民的期待をになっていたか、

敗戦後の日本に育った人には想像できないであろう。昭和五年、第一期生七十九名の募集に際し、志願者が六千名集った、というのである。予科練生の一人上田政雄は正月休暇に北海道へ帰った際の体験をこんな歌にして残している。

わしが子も水兵なりと年老いし見知らぬ人が菓子をすすむる

「海軍さん」は昭和初年の日本では広く国民から愛されていた。昭和九年の末の冬休み石川県の郷里に帰った小藤久輝の歌に、

帰り来て「海軍さん」と子供らにもてはやさるるも嬉しかりけり

六月に入学した一年生は夏は海浜で合宿するため故郷へは帰れない。十二月三十日に初めて十日間の休暇で帰郷する。

わが心早や故郷に帰りしに今日に限りて遅き汽車かな

あのころの日本の汽車はまだ本当に遅かった。それだから松村重治が横須賀から福岡県の田舎へ帰るのは二日がかりだったのである。佐賀出身の富原辰一は歌う。

指折りて子供のごとく待ちたりと父は語れり今年の正月
人は皆日課のことなど尋ぬるに母のみは問ふ寒くはなきかと

このように父母をうたう予科練生の歌に接すると、浮田分隊長がいう生徒の家庭環境の意味があらためて思い返されるのである。元旦、少年兵有吉恒男は山口県の田舎の鎮守の社の前で柏手を打つ。

御社（みやしろ）に夜はほのぼのと明け初めて深山（みやま）に響く拝殿の鈴

予科練生は小学校六年を卒業後中学へは進まず小学校高等科でなお二年の課程を了え、それで予科練にはいった少年たちである。その生徒たちが横須賀追浜での七ヵ月の生活の後にこんな歌を残したのは、市丸部長その人が歌心のある武人だったからである。薩摩守忠度（ただのり）の伝統はまだ生きていた。読者の中には彼等の歌を稚拙と笑う人もいるだろう。しかし過ぐる大戦を戦った各国の航空兵の中でこれだけの詩心をそなえた人がいた国はおそらく日本だけだったのではあるまいか。歌としての良し悪しよりも、この種の文武両道の教育を施したということ自体を私は良しとしたいのである。

航空事故

予科練では第二学年生は毎夏富士山へ登るのが年中行事となった。市丸は各生徒に山頂付近から手ごろな石ころを一つずつ持返らせるようにした。当時はそうした記念を持返ることはまだ禁止されていなかったのである。市丸はそれを予科練の裏山の一角に積んで、そこに小さな祠(ほこら)を建てた。三年間の基礎教育の間は飛行機に乗ることはないから危険は別にない。しかしそれから先のことを考えると、仮に戦争が起らないとしても、飛行機乗りの将来は危ない。やはり神だのみの気持が湧いたのであろう。一期生は昭和七年十月には実施部隊に配属され、訓練飛行にはいったが、昭和八年九月二十七日に最初の殉職者を出した。そしてそれからの一年間のうちに更に五名を事故によって失った。一期生の八パーセントに近い数である。生徒たちが自主的に祀(まつ)り始めた社は昭和九年十一月十日、神官を招いて正式に祭儀を行ない、隊内の神社として朝な夕な生徒たちの詣でるところとなった。

佐世保航空隊副長に転じていた市丸は、この数多い事故死が予科練に与える動揺を懸念してのことだろう、次のような「航空事故ニ対スル考察」を昭和九年七月の予科練生同窓会誌『雄飛会誌』第二輯に寄せている。大正十五年飛行機事故に遭遇し、その後遺を背負って生きてきた市丸は一期生の相次ぐ事故死の報を聞いて言わずにいられなかった。市丸は宮崎、佐藤、吉田（武）、坂田、植野、渡部の六名が殉職したそれぞれの日時、それぞれの状況を述べ、このような意見を述べた。

> 私ハ航空事故（但シ茲ニ問題トスルハ操縦者ノ過失ニ基キ墜落殉職シタルモノト推定シ得ル場合ニ限ル）ニ対シテハ一ツノ考察ヲ持ツテ居ル。ソレヲ要言スルト「墜落ハ操縦技倆ノ巧拙ヨリモ寧(むし)ロ其ノ人ノ性格ニ関係スル所ガ多イ」ト云フコトニナル。学生練習生トシテ基本飛行教程ニ於テハ墜死スルモノハ甚ダ稀デアルガ卒業後一ヶ年以内ニ殉職スルモノ甚ダ多ク其ノ率ハ最大デアル。
>
> 是レ練習飛行教程中ハ教育ノ指導ハ周到ニシテ習者常ニ慎重ノ態度ヲ失ハズ且ツ任務ノ状況ガ簡単ナル為デアラウ。然ルニ卒業後実施部隊ニ配員サル丶ニ至レバ、仮令(たとひ)延長教育中ト雖モ指導ハ勢ヒ練習教程中程周到ナル能ハズ、本人達ハ相当ニ天狗ニナツテ居リ且ツ任務ハ複雑トナル。是等ノ原因ガ錯綜シテ事故ガ発生スルト私ハ観察シテ居ル。
>
> 常ニ慎重ノ態度ヲ失ハズ、或ハ仮令操縦ガ天性下手デアツテモ敬虔ニシテ自覚シテ居ル人ハ滅多ニ墜落死亡ニ至ル迄ノ過失ヲ犯スコトナク、斯(か)クテ永年ノ経験ヲ積ム間ニ如何ナル任務ニモ堪エ得ル立派ナ搭乗員ニナリ得ルモノデアル。

市丸はそのように一般的考察を述べ、事故の一々の事例に即して分析する。

宮崎君殉職ノ報ヲ聞クヤ、平素君ノ人トナリヲ知ツテ居ル私ハ是ハ決シテ本人ノ粗忽ニ基ク殉職デハアルマイト確信シテ居ツタ。果セル哉同隊ヨリノ調査報告ニヨレバ「爆撃運動中、右方向舵操縦索取付ピン脱落ノ為操縦困難トナリ云々」トアル様ニ機体的故障ニ基ク不可抗力的ノモノデ搭乗者ノ為ニ真ニ惜ミテモ餘リアルコトデアル。

昭和九年二月二十一日、朝鮮黄海道で帰還飛行中、僚機とともに山腹に衝突した坂田の場合は、

大イニ同情スベキモノデアルガ、茲ニ平素私ガ主張スル様ニ航空機搭乗員タルモノハ常ニ積極的能動的ニシテ機動性ニ富マネバナラヌト云フコト、状況ニ依ツテハ独断専行ガ必要デアルト云フコトニ対スル諸君ノ注意ヲ喚起セントスルモノデアル。

市丸がこのように注意するのは、下士官や兵の搭乗員は多くの場合、上官の「伴セ伴セ」の合図に引張りまわされるのに慣らされている。それでややもすれば自主的判断に欠けるからである。上官の飛行機が誤って山腹に衝突した時、それに随伴してしまったのは、故人を非難するわけではないが、

判断、決心、処置に機敏さが欠けていたからではないか、とした。

植野君ハ大村空隊勤務中、昭和九年三月六日一二四〇、八九式艦攻デ艦隊トノ聯合演習ニ従事中、発動機故障ノタメ宮崎県細島燈台ノ四四度一〇浬ノ海上ニ不時着シ、機体ト共ニ沈没（他ノ同乗者は無事）シタモノデアル。

植野君ノ場合ハ良好ナル不時着ヲナシタルモ機体ノ沈下意外ニ急ニシテ、同乗者モ一旦水ニ没入シ辛ウジテ落下傘ト機体トノ縁ヲ切リテ浮ビ上リタリトノコトナレバ、操縦席ニアリタル植野君ハ、彼ノ俊敏ヲ以テスルモ「バンド」ヲ解キ、落下傘ト機体トノ縁ヲ断ツ等ノ操作ヲナシ終ラヌ間ニ（或ハ何カ不具合ノ点アリテ）水漬（みづ）ク屍トナリタルモノト想像セラレ、実ニ悲壮ノ極ミデアル。

しかし海上任務に出たのは初めてであり、不時着水後の処置を講ずる上で至らぬ点があったのではないか、とした。そのように注意した後、市丸は死生観を披瀝（ひれき）して結言とした。

航空事故ニ限ルコトデハナイケレドモ、人ハアル程度迄運命ノ神ノ支配ヲ免レルコトハ出来ナイ。不可抗力ニ近シト認メラルヽ事故ニヨリ殉職シタ者ハ運命ト諦ムル外ハアルマイ。

人間ト云フモノハ、此ノ世ニ生レ出ヅルト云フコトガ自己ノ意志デナイ様ニ、死ヌト云フコトモ自己ノ意志以外ノ運命ニ左右セラル丶コトヲ何トモスルコトヲ得ナイモノデアル。人ハ克ク此ノ運命ヲ諦観シテ而モ飽ク迄消極的ニ陥ルコトナク「ナゲヤリ」ニナルコトナク自己ノ職責ニ勇往邁進スル信念ガ必要デアル。

市丸はそう説いて、航空機搭乗員はたとい身分は一兵であり、一下士官であっても、その職責は時として一艦の艦長にも値することを考え、

常ニ昂然タル気概ヲ把持シテ因循姑息ニ陥ルコトナク、物事ニ臨ムヤ飽ク迄積極的自主的ニシテ常ニ大局的判断ニ立ツテ充分ニ「ヤツテノケル」ト云フ覚悟ガ必要デアル。

そして「充分ニヤツテノケ得ル程度」は各自の力量によって相違があることを例示し、最後に日本海軍の搭乗員中の花形となるべき予科練出身者に対して学問的知識の修養、兵術的識見の養成を求めてこう結んだ。

諸君ハ小生ノ微衷ノ存スル所ヲ理解シテ奮励一番当局ノ期待ニ酬インコトヲ切望シテ止マヌ次第デアル。

第三章　軍人歌人

空司令の日常

市丸は昭和十一年十月一日、佐世保航空隊の副長から鎮海空司令に転じた。朝鮮半島南端の地方色を留める市丸中佐の歌にこんな作がある。市丸は横須賀でも、後年の鈴鹿（すずか）でも、兵隊に運動と娯楽をかねてよく兎狩をさせた。支機（ちげ）は朝鮮人労働者が背にする担荷具だというが、ユーモアなしとしない情景だろう。

兎追ふつはものどもの鬨（とき）の声兎（こゑ）にあらぬ支機（ちげ）の群出づ

半島の風光は次のように把えられる。鵲（かささぎ）は朝鮮に多い鳥である。

　韓国の航空隊の窓さきの山峡（やまかひ）の草青く雉子（きじ）鳴く

　日にあまる枯枝くはへ打（うち）つれて無電の塔にかへる鵲

元山航空隊へ出張した時だろう、

　春雨にぬれて林檎の花白く北朝鮮に匂ふ朝かな

だが市丸は当時もなお事故の後遺症に悩まされた日々を思い出していた。「ある病臥」と題されたこんな歌も残っている。

　病蹴り起（た）たん起たずば遅れなん命の限り益良夫（ますらを）われは

ラジオで浄瑠璃を聞いて、亡くなった母を憶う冬の夜もあった。鎮海勤務中に市丸は大佐に進級した。翌昭和十二年七月七日にいわゆる支那事変が起った。

蘆溝橋に事ありと聞きわが隊も勢揃ひして只命（ただめい）を待つ

その年の八月十四日、第一回渡洋爆撃は台風を避け台湾から行なわれた。それは予科練出身者がはじめて戦争に参加した日であり、同時にまたはじめて戦死者を出した日でもあった。台北から爆撃に向った鹿屋（かのや）航空隊の十八機の九六式陸上攻撃機は九機が杭州飛行場を、九機が広徳飛行場を襲撃し、二機を失った。戦死したのは予科練三期の森田清照航空兵曹である。同期の川崎昇三航空兵曹が操縦した一機は生還したが、この日の戦闘詳報によると、

……地上砲火及ビ戦闘機十数機ニヨル弾痕大小実ニ七〇ニシテ、発動機一及ビ電信機使用不能トナリタルニモ拘ラズ乗員ニ被害ナク、シカモ敵機二機ヲ撃墜シ、夜間単独基地帰投ニ成功セルハ、乗員ノ勇猛沈着称讃ニ値スルト共ニ、本機種戦闘ノ絶大ナルヲ思ハシム。

今日の読者は、こうした個々の戦闘における勇猛沈着のことは話題とせず、いわゆる支那事変の是非そのものをまず問題とする人が多いであろう。「若き荒鷲、殊勲を語る弾痕七十、あっぱれ少年航

空兵、廿一歳の川崎航空兵曹」といった褒め方には違和感を覚えるに相違ない。しかし右に引いたのは昭和十二年八月十七日の日本のさる大新聞の見出しなのである。大串三等航空兵曹を機長とするこの双発の陸上攻撃機はその後東京原宿の海軍館の入口に展示され、私などまだ小学校に上ったばかりであったが、赤く矢印で示された弾痕の数々を眺めたものであった。もっともその内地はおよそ戦争とは縁遠く、のんびりと平和であったが。

市丸は昭和十二年十一月横浜空司令となった。飛行艇の仕事に関係した様子だが、飛行艇が実戦とはまだ関係していなかった時期で、市丸家にまつわる回想（戦後『月刊予科練』に掲載されたもの）もいたって他愛ない。当時初めて衛兵当直に立った兵士が、質素な町家のおかみさん風の婦人が市丸大佐夫人とわからず「面会人は何分隊ですか」と問いつめた、といったエピソードも伝えられている。

市丸は昭和十四年四月一日父島空司令となる。海軍兵学校以来の友人で、大正五年初期航空学生の一人として横須賀海軍航空隊に入隊した酒巻宗孝の妹の岩野喜久代は新詩社同人だったが、その夏小笠原へ吟行（ぎんこう）に出た。その芝園丸に市丸の家族もたまたま乗りあわせ、喜久代は司令官舎に泊めてもらった。市丸はその前後、小笠原諸島の父島から約二百五十キロ離れた硫黄島へも飛んだが、当時は砂糖、コカ、レモン草、パイナップル、マンゴ、パパイアなどが栽培されていた。地熱を利用してレモン草の香料を取る工場もあった。この平和な島にはおよそ千五百人ほどの住人が暮していた。

武漢の空

その市丸は昭和十四年十一月六日、第一三空司令として中国大陸に急遽出陣する。市丸大佐の率いる海軍航空部隊は日本がすでに占領していた武漢の飛行場を基地とした。

岩野喜久代が小笠原旅行の歌の載った『冬柏』を送ったことが縁となって、そのころから市丸は柏邨の号で『冬柏』に歌を寄せるようになった。出身地が唐津の柏崎であったし、歌誌もたまたま柏の字を含んでいた。ちなみに『冬柏』は與謝野鉄幹晶子夫妻が新詩社の最後の拠点とした歌誌である。市丸家には平野萬里が添削した歌稿が残されている。市丸は「行ヒテ餘力アラバ則チ以テ文ヲ学ベ」という『論語』の訓に従った人といえよう。市丸大佐の歌は日露戦争当時の森林太郎少将の『うた日記』のような高い文芸的価値はないかもしれない。しかしそのすなおな詠草は、昭和の一軍人の字義通りの歌日記として、記録性以上の何かを有している。はじめに九六式陸上攻撃機の窓から詠んだと思われる幾首かを拾ってみたい。

　初秋のパノラマとなる三鎮の田畑蓮池民家クリイク

これは昭和十五年九月三日、広安をさして離陸発進した際、眼下に見おろした風景である。「三鎮」とあるのは揚子江をはさんだ武昌、漢口、漢陽の三市の総称で、鎮は都市の意味である。なんだか平和な旅客機の窓から下を見おろしたパノラマのようだが、日本海軍航空隊は爆撃に出動したのだ。

金泥といふは当らず揚子江ただ溷濁の幅広き水

金泥は「きんでい」とも読めるが市丸は「こんでい」と読ませて後の溷濁（こんだく）と頭韻を踏んだのだろう。揚子江を膠（にかわ）でといた金粉（きんぷん）のようだ、という人もいたがそれは事実に反する、実際は濁った幅広い水面だ、というのである。市丸はまがりなりに漢詩も作ったほどの人だから漢籍には詳しく、敵地の空を飛びながら中国の歴史を偲ぶゆとりも持っていた。「屈原（くつげん）を思ふ」はその一首である。

汨羅（べきら）は湖南省を流れ湘江に注いでいる。

汨水（べきすい）は水涸れたれどなほ澄みて古事を偲ぶにふさはしきかな

澄んだ水は屈原の清らかな心事を思わせるというのである。武人の緊張した、それでいて落着いた精神状態は次の歌に暗示される。

中秋をわれうべなひて夜駆(よか)けする武漢の空に月冴え渡る
勤娘子(チンニャンツ)空のやうにも一面に咲く江畔にたむろする秋

勤娘子(チンニャンツ)とは朝顔で、市丸は中国語の出来る兵に命じて土地の人にその呼び名も漢字名も質したのだろう。江畔とは揚子江畔で第一三航空隊はそこに駐屯していたのである。

江畔の軍(いくさ)の場(には)の湯上りに見ればきらめく満天の星

飛行機乗りの習性だろうか、市丸の歌には広角レンズのように面を広くとらえる特性がある。重慶側には漢名を陣内徳と書くシェンノート将軍以下がやがてFlying Tigersという義勇軍として加わるが、当時の日本は勝ち戦さで、ゆっくり風呂につかる暇もゆとりもあった。

十月三日には第三回成都爆撃に行く。これは長距離飛行をせねばならず、敵戦闘機の迎撃や対空砲火も覚悟せねばならない。

秋の朝成都に向ふ若者に授けし任務難(かた)くもあるかな

武漢の空は靄が立ちこめていたが、すでに四川省を目ざして先に飛んだ偵察機からは無電が指揮官機にはいる。

久久に快報を受く蜀の空近づくにつれ天候よしと
中空の靄を縫ひ行く編隊の機位も正しく力漲る

上空は快晴である。

三峡の峰にかかれる日和雲つよく輝き秋澄みわたる
天心は紺青に澄み中空は緑に褪せてその下は雲

三峡は湖北・四川両省の境にある揚子江上流の三つのはざまである。市丸はこの三峡や剣閣の名を李白などから知っていたのだろう。剣閣は長安から蜀に入る道の要害として著名だが、

三峡も剣閣の険も数ならずわが編隊は空よりぞ行く

中空にただよふ雲の隙間より蜀の山見ゆ蜀の家見ゆ

戦ひの場とは見えず蜀の秋雲と山との絵巻物これ

機内の温度は零下十度以下となる。編隊は成都上空にさしかかる。

お守りをいただき拝む兵もあり持場を固め爆撃に移る

予期に反し今度は敵の戦闘機は舞いあがって来なかった。

地上掃射わが戦闘機花を撒き成都の空を美くしくする

散華

「いやですねえ、花を撒くといっても機関銃の白煙のことでしょう。美しくする、といっても人も死んでるのだから」

教室で「遠征成都」の歌を私がとりあげた時、授業が終ってそう言ったのは中国大陸からの女子留学生だった。私は日本が重慶や成都へ長距離爆撃したと同じように四、五年後はアメリカが東京や大阪へ長距離爆撃したのだ、その数年で市丸の立場も日本人の立場も逆転したのだ、と述べた。しかし日本海軍航空隊に何層倍するB29爆撃機の大空襲を受けた時も、私たちは本土の空を一瞬美しくする米国の空の超要塞という「白金製」の飛行機に見とれたものですよ、とも言った。矢内原忠雄は昭和十八年一月という時期に、満洲事変や支那事変を起した策士たちのことを、

「これらの策士たち謀略家たちはこの世において名誉を受けておりますが、彼らの霊魂は地獄に落ちている」

と言いきる反戦主義者で、そのために東京大学を追われもしたのだが、それでも昭和十九年の暮、『神曲』講義の最終回の近くで、東京の空を飛んで行ったアメリカのB29爆撃機の五機編隊を見た時の印象をこう述べた。

「その中の最後の一機に日本の戦闘機が群れて行ってこれを攻撃しているのを見たのですが、非常に美しい。あれが空襲でなかったならば非常に美しい。B29爆撃機が金色に輝いて光り、周囲に日本の戦闘機の姿が小さいものですから、光の薄い形の小さなのが上へ下へと飛んでいる。ダンテの天国篇の或る場面を連想せしめるに足りたのです」

矢内原忠雄も率直にそんな感想を述べたのだから、飛行機雲が流れるのを見て機上の市丸が、

生絹（きぎぬ）とも綿（わた）ともつかぬ雲流れ機影とともに虹走しるかな

と詠んだのはすなおに口をついて出た印象だったに相違ない。

昭和十五年、当時は日本側が制空権を握っていたとはいえ、四川省奥地への長距離爆撃は片道が千キロ、早朝に漢口を発進して夕方に帰投するという出撃で、非常な緊張を強いられた。昭和十四年十一月三日には市丸の前任者奥田喜久司大佐は成都の太平寺飛行場で被弾、自爆していた。市丸は当時の直属上官から「銃後の人の供養」として託された奥田未亡人が心をこめて作った慰霊のための五色の蓮華の花弁を撒いた。次の「散華（さんげ）」は字義通りの意味で、機銃掃射の意味でも戦死の意味でもない。

わが友はここに自爆す太平寺俯（ふ）し拝みつつ散華するかな

その昭和十五年十月四日、市丸第一三空司令は漢口に帰着して次のような報告を受けた。

この日友隊の戦闘機隊同じく長駆成都進撃、地上掃射及敵飛行場に著陸偉勲を樹（た）つ。其の帰還報告の時夕陽春（うすづ）き特に美観なり。その内我が育てし少年航空兵ありたれば、

大陸の入日照り映ゆ汝（な）が樹（た）てしけふの勲（いさを）と光り何（いづ）れぞ
著陸し敵胆奪ひ東の間にその名をあげし日本男児

右二首などその巧拙よりも、こうした歌を詠むことで部下を激励する市丸に私は惹かれるのである。小西良吉が戦後「中攻」の戦いの座談会で語ったところによると、市丸司令は「当時、一番機にはあまり乗らずに、たいてい二小隊二番機とか三小隊三番機というカモ小隊カモ番機を選んで乗っていたようでした。なかなかできないことです」。九機編隊の後尾右翼や後尾左翼の爆撃機は敵戦闘機にもっとも狙われやすい、くみしやすい相手なのだ。その市丸司令は重慶爆撃で市街の真ん中に残っている大きな建物に向け八百キロ爆弾を落として近くに当てた東政明を激しく叱りつけた、「あれはアメリカ大使館だ。なぜやったんだ」

飛行機の事故は、空中戦や対空砲火によるものとは限らない。十月七日、第四十一回目の重慶爆撃の際は離陸時に部下の一機が爆発炎上する。司令は一瞬出撃の中止を考えないわけではなかった。

止みなんか友の屍（かばね）を拾はんかいな吾れ行かん任務は重し
捲（ま）く煙り漲（みなぎ）る焔ほ掠（かす）めつつ離陸し了る益良雄（ますらを）の伴（とも）

市丸も何度出撃したことだろう。一度は蘭州爆撃に出動して危い目にも遭った。こうして前線にいること一年、昭和十五年十月末に転勤命令を受ける。十月三十一日、漢口を発ち上海を経、千葉県木更津飛行場に向うに際し、市丸司令は過去一年の戦闘を振り返って目をつむった。

西の空われ伏し拝み黙禱す陣歿将士五十の霊に

『摂待』

帰国して横須賀線の車窓から葉鶏頭（はげいとう）を見て、市丸はある感慨に襲われた。それは平和な時代に海外勤務から帰京した時とはおのずと違う「帰り来て」であった。

目も醒むる雁来紅（がんらいこう）を帰り来て品川に見つ断崖の上

その鮮やかな色彩りはまた命の赤さでもあった。横浜市磯子区磯子町間坂一六七〇番地には妻のスエ子はじめ四人の子が待っていた。一年間留守した間に内地には物資が乏しくなって、店頭には土産にするにもうまそうな菓子はなにもない。ただ汽車や電車に人の群がる様に大陸では見かけない日本人のエネルギーのようななにかが感じられる。子供を連れて遊園地へ行ったら、軍事熱が高まって飛行機の大模型が出来ているのには、かえって苦笑させられた。

司令の辛い務めの一つは戦死した部下の遺族を弔問することである。市丸は漢口から手荷物に戦死者の写真帖をおさめて来た。

弔問の花束を抱き幾度か車乗り換へ君の家訪ふ
香煙の漂ふ一間我れを見て椅子に小窓に戯るる遺児
その肩を敲き自爆を命じたる友の写真に揺らぐ香煙

まだうら若い未亡人から夫が出征した日のことを聞かされる。

さり気なく児等引き連れて駅に立ち君見送りし夫人なりけり

市丸利之助は大正末年に結婚し一男三女があった。父の出征中は留守家族がよくお詣りに行ったという磯子の日枝神社に、市丸も子供たちを連れてお詣りに行った。

この日頃父の武運を祈りたる子等引き連れて朝詣でする

すると出征兵士の親や妻が身内の者の無事を祈って次々とお詣りに来る。市丸は負傷した部下、病を得た部下、死んだ部下のことを思わずにはいられない。

人はこれ由来空飛ぶ器にあらず樹(た)つる勲(いさを)に身をば損ふ
神経を或は破り耳聾しはた胸を病むあたらますらを
逞しき飛行姿に香煙の揺(ゆら)げる秋の日の悲しけれ

市丸は二週間足らずの休暇の一日、久しぶりに『摂待』をうたった。謡いは大正十五年、墜落重傷を負った時、その長い予後に精神修養のつもりで習ったもので、後にカビエン基地などでうたっていたこともあり、通信兵が電文を持って司令の居室に近づいたものの、電文をいつ渡してよいか、その間合いのとり方に困ったこともあるという。ここで話題の『摂待』の曲は佐藤継信・忠信の母が、山伏姿で陸奥へ追われて下る義経主従をその館で接待する。その時に弁慶が継信の最期を語るという筋の謡曲だが、敗者とその遺族の境遇が語られているだけに哀れ深い。謡いながら市丸は思わず落涙した。三女の美恵子は当時まだ小学校にも上っていなかったから、父の様にすっかり驚いてしまった。

摂待を謡ひて父の泣くを見て少女驚き菓子もえ食べず
豈一人判官のみか子を死なし父奪はれし繰言に泣く
戦陣に遂に落さぬわが涙家に帰りて落す不覚さ

市丸は前に『小袖曾我』を謡って人の情に打たれ落涙したことがあった。前線から戻り、今日『摂待』を謡うと、もののふの情にあらためて心打たれたのである。だが『摂待』はけっして過去の話ではない。皇紀二千六百年の祝典に沸く日本で誰もそんなことを思いもしなかったが、四年半後に市丸が戦死し、ついで日本が降伏すると、予科練の生き残りの部下たちこそいつまでも遺族に親切にしてくれたが、世間一般は旧軍人の遺族を冷たい目で見るようになった。淋しいことだが、かつての日の軍人はみな悪者であるかのように遺児が小学校の教室で言われたりしたこともあったのである。

昭和十五年十一月十五日付で鈴鹿空司令となった市丸大佐は秋晴の伊勢湾で編隊の一機が曳く標的に向けて射撃訓練を繰返した。司令は自分でも引金を引いてみた。

機関銃射てば狙ひし的散りて心弾みぬ若人のごと

年末には市丸はまた正月休暇で横浜磯子の家族のもとへ戻って来た。

満潮（みちしほ）の巻波崩（く）ゆる音聞こゆ冬季休暇の寝醒（ねざめ）の磯に
我が伏屋（ふせや）何もなけれど面白し東京湾を一眸（いちぼう）に見て

昭和十五年の磯子はいまと違って臨海地帯に火力発電所やら石油精製所やらの姿は見えなかった。浜辺に立って市丸は、かつて予科練の生徒たちを諭した時と同じように、明治天皇の御製を奉唱した。そして生徒たちに命じたように自分も朝日を拝んだ。

朝靄の包めるままに日輪（にちりん）の海を登るを正眼（まさめ）に拝む

大佐はだが大晦日にもならぬうちに夫人に言いつけて正月の祝いを済ませた。市丸も子供たちも笑ったが、鈴鹿航空隊へ早目に帰らねばならなかったからである。

正月は家に居らねば三ケ日暮にすませて雑煮を祝ふ

昭和十六年の元旦当日、市丸家では夫人もふだん着のままで子供たちと食堂のテーブルを台にしてピンポンに打ち興じていた。そこに思いもかけず海軍の一将官夫人がお年賀に現れたので留守家族は大いに狼狽した。他方、鈴鹿への帰途、大佐は列車の中でこんな歌を詠んだ。

スキイより帰れる男女雪やけの顔をのせつつ眠れる車窓

青年が目をさますと、海軍大佐がにこやかに近づいて「こんな歌を詠んだから、雑誌に採用されたら記念に送ってあげる」と言った。はじめ住所を聞かれた時は、この非常時にスキーなどに打興じて、と叱責されるのを覚悟しただけに事の意外に驚いた。そして昭和十六年三月俵隆治とその若い妻は『冬柏』第十二巻第三号を送られるに及んで、歌の嗜みのある行きずりの軍人に対しあらためて親しみをおぼえた。その号にはこんな歌も載っていた。

在所嶽鈴鹿峠に雪を刷き整へられぬ伊勢の初春

鈴鹿では雨の日も、雪の日も、晴れの日も訓練は続く。市丸空司令は号令台上から飛行場を見渡して、那須の篠原で霰に打たれる実朝を思い出した。

霽るるをも待たで離陸を企てし飛行機隊の引くしぶきかな

鈴空の司令時代の市丸について当時従兵長だった本田次郎はこう回顧する。「眼光炯々、容貌魁偉、一見近寄り難い威厳を備えておられたが、いざお仕えしてみるとまことに穏やかな方で、部下に接することあたかも慈父の愛児を見るが如くであった」

市丸は巡検終了後は従兵を絶対呼ばない。靴下、下帯等、私物は全部自分で洗う。公私の区別は厳しく、若い士官は「ガソリン一滴は血の一滴」といわれた時代になにかと口実を設けて私用に自動車を乗りまわしたが、司令は私用には絶対使わない。家族のもとに帰省する時はいつも白子駅まで歩いた。戻る時は磯子の自宅を早朝に出ても関西本線の白子駅着は夜半になる。そこから六、七キロの道を不自由な足を引きずり一時間以上かけて帰宅する。日米開戦の前の夏、白子海岸の貸別荘に市丸一家が避暑に来たことがあった。夫人と長男と三人の令嬢たちで、その時撮った写真だけが一家の唯一の集合写真として残された。綺麗なお嬢さんたちを見て本田従兵長は従兵たちと「鳶が鷹の子を生んだな」などと軽口を叩きながら別荘周辺の清掃をした。垣根ごしに市丸がうたう謡曲が聞えることもあった。陽明学の書籍なども多く、本田は従兵長退任の際「致良知」と書かれた色紙を頂いたが、度重なる転戦のうちにその風格のある揮毫も紛失してしまった。

昭和十六年夏の市丸家

海鵬再征

日本海軍のハワイ真珠湾攻撃の報を市丸は鈴鹿航空隊で聞いた。本田次郎は新潟県村上市小国町で晩年を送っているが、八十歳を過ぎた平成十二年四月にも五十八年前の昭和十六年十二月八日午前八時、市丸が行なった訓示の言葉ははっきりと覚えていた。「(日本は) 現有海軍兵力の一七〇%を消耗しなければ、今次の戦争は完遂出来ない」

だがその市丸も、対米英への宣戦布告の報に接し雲のはれた思いがしたことは、当時の歌からも察せられる。

四百餘州機上に佩きし太刀執ればさながらに湧く矢猛雄心

四百餘州とはかつて中国戦線で市丸司令が爆撃機内に刀を提げて出撃したことをさしている。と同時に市丸が子供の時に歌った小学唱歌「四百餘洲を挙る十万餘騎の敵　国難ここに見る」の『元寇』の歌が大人の心によみがえったのである。唐津のような玄界灘に面した港に日清戦争の前夜に生れ、対馬海峡でバルチック艦隊が撃破されたのが中学二年生の時の市丸であってみれば、祖国を守るために戦うことは自明の正義であった。しかしその市丸がいわゆる支那事変に違和感を抱いていたこと、重慶政府がいつまでも抗日戦を続けるのはその背後に武器を供給し続ける米英がいるからだと思っていたこと、それだけに日本は米英と戦うことで真の敵と渡りあうにいたったと感じたこと、は次の歌からも明らかであろう。

五年間我が日本に立ち籠めし雲を払ひし大詔を読む
新しき修理固成の時は来ぬ有色の民に所得しめて

当時の日本人の大半が素朴に確信したように、市丸にとっても大東亜戦争とは字義通り、アジアをアジア人のために回復する「天業恢弘」の戦いだったのである。市丸は「生ける験あり」を実感していた。

人としてこの大御代に我れ生れまして戈取るますらをにして

そして各地で次々と武功を樹てる予科練出身者の写真帖を繰った。

アルバムを繰ればうれしや戦へる顔其多く神さびて見ゆ

それはいかにも凜とした美しい顔立ちであった。市丸はいよいよ部下の訓練にいそしんだ。昭和五年六月、市丸が初代部長として横須賀航空隊の一隅の追浜に設立した予科練はそれだけではもう足らなくなっていた。予科練は昭和十四年には追浜から土浦へ移ったが、土浦だけでは十分ではない。その後は三重、鹿児島など全国十九ヵ所に開設された。ラジオや大新聞は帝国海軍の赫々たる大戦果を報道し、やがて「七つボタンの予科練」の歌を流し始めた（しかしその大量速成教育では、もはや初期の追浜時代に匹敵するような、優秀な技能集団を生み出すことは出来なかった。第二次世界大戦末期には、日常生活で自動車運転を心得ているアメリカの若者たちの方がせいぜい自転車の運転の心得しかなかった日本の少年たちよりも、ずっと早く秀れたパイロットになり得たからである。それというのも当時の日本は飛行訓練をしようにも肝腎のガソリンが不足していたからである）。

昭和十七年五月、海軍少将に進級した市丸は第二一航空戦隊司令官としてその夏、南方第一線に立つことになった。市丸は伊勢神宮に参拝する。

命(めい)至る勇みかしこみ大神を拝したるのちみいくさに立つ

「海鵬再征」と題されたその年秋の『冬柏』を読むと、市丸司令官は香港、シンガポール、サイゴン、マニラ、南洋諸島を経て任地カビエン（Kavieng）に向ったものと察せられる。はじめは旅客機で、途中から東南アジアに駐屯していた飛行隊を引き連れて、アメリカ軍のガダルカナル反攻によって始まった戦局の新展開に対処すべく、赤道直下のビスマルク諸島に向ったのである。

雲の峰雲の海など様々に浮ぶ馬来（マレー）の高空（かうくう）を征（ゆ）く
見廻せば雲より海に雨脚の幕を張りたり南支那海
スコオルの幕を出づれば中天の日光時に雲間よりさす
さす日脚それも束の間編隊は更に衝き入る次のスコオル
幾千浬吾れ転進の道にしてコレヒドオルを脚下（あしもと）に見る
快晴の旨受信して一笑す目指す千浬の離れ島より

市丸は戦前にも飛行艇でこの南洋の委任統治領を飛んだことがあった。南方への空路を拓くためだが、ただし当時は外国を刺戟することをおもんぱかり人目を避けて飛んだのであった。

戦時中だから『冬柏』にも伏字がある。というか市丸司令官が自分で固有名詞は伏せたのだろう。

わが為に子がととのへし爪切に爪を切りつつ〇〇〇島見る

爪切りて心に浮ぶ怠りをひそかに叱り南溟(なんめい)を征く

十餘り緑の亀の環に並び引ける華麗の波の尾を見る

そして人麿の「東の野にかぎろひの」に想を借りたこんな歌も、

日西に傾きつれば編隊の機影ひがしに海原に引く

こうして赤道を越え、ニュー・アイルランド島カビエンに着任した。熱帯の太陽の下、編隊を組んで飛んだのだが、大空の涼気が身にしみた。

下に見る噴火のあとのその儘に港と成れる南溟の島

ニュー・アイルランド島といってもいまは知る人は少ないであろう。ラバウルのあるのがニュー・ブリテン島で、その北に東西に弧をなす島がニュー・アイルランド島である。日本海軍陸戦隊は昭和十七年一月十八日トラック島から発進、二十三日にはカビエンに上陸、これを占領していた。市丸司令官が赴任した直後の第二一航空戦隊は、戦闘機四十八機、陸上偵察機四機から成る新編成の第二五三航空隊（司令小林淑人中佐）と、戦闘機三十六機、陸上攻撃機三十六機から成る鹿屋の第七五一航空隊（司令小田原俊彦大佐）の二つの航空隊から成っていた。この第二一航空戦隊は、第二五航空戦隊が部隊再建のため内地へ帰った間、第二六航空戦隊とともに、基地航空部隊として南東方面と呼ばれたソロモン諸島を中心とする作戦に従事した。

零戦は戦後は日本でも零戦（ゼロせん）と呼ばれるが、当時の海軍では零式（れいしき）戦闘機と呼んでいた。八九式艦攻とか九六式陸攻とかの数字は皇紀の年号の下二桁を取って読んだので、零戦（れいせん）は紀元二六〇〇年（昭和十五年）に開発された日本海軍の主力戦闘機である。市丸はそれを「霊戦（れいせん）」と漢字を改めた。旅順を包囲した乃木希典将軍が二〇三高地を「爾霊山（にれいさん）」と呼び直して、その山で死んだ我が子をふくむ無数の霊の鎮魂を漢詩に託した気持とどこか似ている。

「霊戦」と其の名轟く飛行機の指揮執る君は黒く逞し

明治二十四年生れの市丸はこの椰子茂る島で昭和十七年九月二十日、満五十一歳の誕生日を迎えた。この日は空の記念日でもある。

戦の庭に迎ふる誕生日記念にせんと顎髭を立つ

カビエンから出撃する爆撃機も、そこから二百二十キロ離れたラバウルから出撃する護衛戦闘機も、ソロモン諸島へ攻撃に出る。ラバウルからガダルカナルまでは東京から屋久島までの距離である。それだけの距離を飛んで空中戦をしてまた洋上を飛んで戻って来るのだ。「全機帰還」と見張りから報告があっても、機上戦死を遂げた搭乗員を乗せて帰って来る機もある。

勇ましき機上戦死ぞ然（しか）れどもぬかづけば只涙溢るる
一抹の蚊遣線香（かやりせんかう）香に擬し君に手向（たむ）くるみんなみの島

司令官の搭乗する飛行機が敵機に襲われたこともある。

赤色の曳光弾を後ろより射たれて気附く吾れの不覚を

司令官とても一人の警戒要員として背後の観察を怠るべきではなかったのだ。

見かへれば敵は六機のアメリカン弱敵と見てまとひつくかな
操縦手児玉の躱避美事なり急旋回に敵やり過ごす
優速を利して敵機は前に出で流し込む打つ右に左に
左手に発止と打ち込む敵弾に我が佩刀の切先砕く

市丸が乗っていたのは一式陸攻だったのだろうか。敵六機はノースアメリカンB25だったらしい。市丸は初め「敵は六機のボオイング」と書いた。「アメリカン」では読者が機種のこととは思わずに「アメリカ人」と誤解すると考えたからであろう。しかし戦地に届いた『冬柏』にそれを消してやはり正確を期して「アメリカン」と書き改めている。市丸は望遠鏡で追尾する双発の敵機を認めたこともある。エンジンが胴体にせまり翼より垂下っている。ノースアメリカンB25爆撃機である。こちらも機銃で応戦するから敵もたやすくは近づけない。敵弾の多くはやがてこちらまで届かず後落するようになる。そして、

既にして敵機次々退きて機上やうやく笑もかへる

カビエン基地

市丸は部下思いの人である。カビエンでも部下があいついで戦死する。「黒く逞し」と歌った戦闘機隊の隊長も未帰還の人となった。

零戦を指揮して君が陣頭に立ちし面影我れ忘れめや
せめてもの心なぐさに失せし機の捜査報告出でて吾が聞く

死んだと思っていた部下が生還した時の言うにいわれぬ喜び。

椰子蟹（やしがに）を喰（くら）ひて命を繋ぎたる人とも見えず逞しき君

予科練の一期生で昭和九年、訓練飛行中に殉職した植野三郎の夢をニュー・アイルランド島で見た。

十餘年前に死したる飛行兵生きてありきといふ夢をみぬ

夢に見し兵の冥福祈りつつ今朝の念願一つはたしぬ
夢に見んわが養ひし飛行兵少なからぬが亡せにける今

念願というのは何なのだろう、故人に夢で会うということなのだろうか。そして市丸は自分が三十四歳、事故に遭い後遺に悩まされたことをまた思い出す。

吾れむかし松葉杖つき子を守り子に躓きかねつ傷つきし頃

大正十五年の五月五日は長男鳳一郎の初節句だった。その祝いに誰々を招待していた、という四日までの記憶は立派に浮ぶけれども、五日当日の事件発生の午前十一時を中心として前後六時間ずつの記憶は全然回復しない。当日の夕刻なんだか変だと気がついて、側にいる人に聞いて「飛行機で地上に落ちて、これ位で済んだんですから上等ですよ」と言われて初めて落ちたのかと気がついた。それは海軍航空隊にはいって十年目のことであった。——自分の過失かという惧れを抱いたが、調査の結果は操縦索の切断でまず不可抗力と認められ、わずかに自らを慰めた。体験搭乗を希望して親にも内緒で同乗した東大工学部学生、小谷秀三は幸い軽傷ですんだ。東大病院から先に退院した小谷は市丸を築地海軍病院に見舞いに来てくれた。妻のスエ子が「小谷さん。あなたは練習機に乗られたから、運悪く落っこちました。実用機なら大丈夫ですよ。この次は実用機に乗せてもらいなさいよ」と気丈に言うのを聞いた時は、市丸は微笑せずにはいられなかった。そんな昔の事がこの南太平洋の前線基地にいても思い出されるのである。

戦いの合間に島の生活も色彩り豊かに描写される。

仕事場に原住民ぞつどひ来る赤き腰巻青き腰巻

いと赤き槿（むくげ）の花を住民の男このみて挿頭（かざ）す風俗

市丸の歌は原色が美しい。平和時ならゴーガンの絵にでもなるような図だったろう。市丸司令官が島の人の生活にも留意していたことは次の第一印象の歌が印刷された時、それを訂正したことからもうかがわれる。

椰子管理といへば急な用もなし無為を楽器に散ずる彼等

『冬柏』が送られて来た時市丸は鉛筆でこう直した。

椰子管理の職をいくさに奪はれて無為を楽器に散ずる彼等

空襲のない朝は静かである。時には風雨が襲うこともある。

南海の島の道芝降る露にしとどに濡れて冷きを踏む
雨となり風も騒げば獅子舞の頸（くび）の如くに揺るる島の樹

祖国からは飛行艇が連絡便を届けてくれる。

逸早（いちはや）く吾が『冬柏』の四月号著（つ）きぬ實（みのる）の飛行艇にて

この歌は昭和十八年七月号には「海鵬尖守」として載っているから、内地との連絡は相当緊密に取れていたことがわかる。實（みのる）は飛行艇の操縦士関根實である。かつて中国戦線で市丸司令はこの一等飛行兵曹と隣り合わせで着席し、長距離爆撃に出撃した。関根は偵察席でテーブルに航空図をひろげて機位を確認し、無線連絡を担当した。機銃で敵機に応戦することも、爆撃照準することもあった。もっとも、緊張するのは重慶上空のみである。片路四時間あまり市丸司令はメモをとっていた。機上の気やすさで見せてもらうと、それは和歌であり時に漢詩であった。その関根もいつの間にか三十一文字を並べるようになった。六十首ほどたまったところで、分隊士の山縣中尉に頼んで市丸司令に添削方をお願いすると、山縣中尉から「司令は添削は内地の専門家に頼まれた」とのことだった。その話には後でまたふれるが、右の歌は数年前そんな間柄であった関根實の飛行艇で今度は南方前線に歌誌が届いたことをひとしお喜んでいるのである。そして先の兒玉といい、この関根實といい、名前をあげることで司令官は部下に謝意を表しているのである。横浜からは花束も送られて来た。

百合白しグラジオラスは猩猩緋海空千里なほ匂ふかな

そして女学生や小学生の娘や妻や友人から手紙が届く。

三人の娘三種の封筒を用ひておこす日本の便り
妻の子の又友よりの文つきぬ何れを先きによまばとぞ思ふ

そのころの市丸は妻の若き日の姿を夢に見、それを歌によみ、その三首を『冬柏』に送った。それは帝国海軍軍人が、雷跡や爆撃を目撃する日々の間にしたためた愛の歌であり、愛の遺書である。

化粧(けはひ)して娘盛りのわが妻が人込(ひとごみ)をゆく夢も見るかな
吾れ友と語らひ居るを若き妻笑み輝きてそれとなく過ぐ
わが妻はわかき燃ゆる目かがやけるよそほひをして夢に見えこし

南溟の空

市丸司令官については、空中戦の指導についてカビエン基地で間違った訓示をしたのではないか、というパイロットたちの意見もある。市丸にとって空中戦とは零戦とF4Fの宙返りで円を描く巴戦が中心であった。ところがアメリカ側は、一対一の空中戦では不利と見て、その種の格闘戦を避けて、敵一機に対し二機以上でかかるという戦法を組織的に採用し始めたのである。日本側の零戦隊もアメリカのF4F戦闘機隊が、組織的な編隊空戦で巻き返しに出てきたことについて、次第に気づき始めた。相手が「単機だな」と思って攻撃を仕掛けると、突然、後上方から別のF4Fが襲いかかってくるのだ。昭和十七年十月、鹿屋航空隊の飛行隊長伊藤俊隆大尉は勢ぞろいした零戦隊のパイロットたちに次のような主旨の訓示をした、と阿部健市一飛曹は回想している。柳田邦男『零戦燃ゆ　飛翔編』四七二頁から引用する。

「お前たち搭乗員は、いまや国の宝である。命を大切にしなくてはならない。そこで、空戦に際しては、次の事柄を心掛けてほしい。

それは、深追いはするな、ということである。敵機は一撃すると急降下してそのまま避退してしまう。一対一の単機空戦の場合を除いて、逃げる敵機を深追いしてはならん。逃げる一機にだけ気を取られていると、別の敵機に上方から撃られる。敵の編隊戦法に巻きこまれることは、きわめて危険である。数で優るとき以外は、くれぐれも注意せよ」

それは実際に空中戦を体験した伊藤飛行隊長の意見だった。ところがその訓示を横で聞いていた市丸司令官は、単機空戦の時代から編隊空戦の時代に移行しつつある、という認識が乏しかった。それで伊藤大尉の訓示に心中おだやかならず、自ら訓示のやり直しをした、というのである。間接的な伝聞であるから表現の正確は保証できないが、市丸少将は物凄い勢いで「いまの訓示は間違いだ」と言った。

「戦闘機隊の使命は、一機でも多くの敵機を撃墜することにある。日本海軍は、仇敵必墜を第一義にしておる。敵を発見したら、どこまでも追いかけて撃墜しろ。指揮官のいまの言葉は取消しだ」

「見敵必滅」は日本海軍の標語で、市丸はその精神主義的訓示を行なったというのである。だがパイロットたちは、実際の体験を踏まえて、一番機、二番機、三番機の間で、共同攻撃、支援攻撃の態勢を守ることを周知徹底してから出撃するようにした、とのことである。
市丸がカビエンを中心に指揮した一年弱は、昭和十七年夏から十八年春にかけてだが、それは開戦当初は優勢だった日本海軍航空隊が次第に劣勢におちいる期間でもあった。
市丸はカビエンの司令官の居室に門標をかけた。

楷書して海濱亭と札立てぬ島の歩道の椰子葺(やしぶき)の小屋

しかし敵機の来襲は絶えない。デング熱に罹った司令官はそのたびに寝台ごと防空壕に入れられる。腕時計を巻くひまもなく壕に待避したこともある。

昼となく夜となく敵機おし寄せてわが熱病をいらだたすかな
地響きの音の次第に近づけば室に残せし時計を憶ふ
一劃(いつくわく)を占めて寝(ゐ)ぬるに我が足の長きに過ぐる壕の内かな
服を著け靴を穿きさて頭にはタオルを巻きて我が寝たる壕
鏡割れ戸割れ引出し飛び出(い)だし爆撃後のわが室あはれ
敵去りて夜の沈黙の帰る時月の木影に蛍火(ほたるび)流る

椰子林坊主林に変じたる爆撃の跡すさまじきかな

爆撃の跡にはあれど草の穂を小鳥のつつく南（みんなみ）の島

草の穂に小鳥とまれば草撓（たは）むたはむ草の穂鳥取りて喰（は）む

この最後の歌などその微妙な揺れに武人市丸の細やかな感受性が偲ばれる。

昭和十八年は四月に山本五十六連合艦隊司令長官がカビエン基地を訪れた。その日は雷が打ちふるえて鳴り、雷神までがかしづくがごとくであった。

大将軍来る日は空に鳴る神もいつき侍（さぶら）ひ島うち震ふ

だが四月十八日、山本長官機はソロモン諸島上空で撃墜されてしまう。

かへり来ぬ空の愛子（あいし）を惜しみたる大将軍もまた帰り来（こ）ず

この前線基地でもさまざまな出会いがあり別れがあった。市丸は予科練部長の最後の年の昭和八年、学校を出たての倉町秋次を漢文の教師として採用した。その倉町は予科練の同窓会誌『雄飛』を携えてこの前線まで慰問に来た。その中には航法に関する計算の仕方なども書かれていて実戦に役立つものもあったのである。倉町がカビエンにいた間にも、予科練四期生の上野六十男は指揮官機の操縦員として出撃した。市丸司令官とともに倉町は飛行場で帽子を振って見送ったが、上野は帰って来なかった。彼は第一次ブーゲンビル島沖空戦で戦死した。

君悼(いた)む吾が心情を知るごとし雨に打たれてうなだれし旗

その「佳美苑」基地で柏邨司令官から色紙を頂戴した兵士には佐賀県多久出身の荒谷次郎もいた。

音たてゝ椰子にタリサにスコオルの降れば涼しさ肌に沁み入る

予科練出身の旧部下とはあるいはカビエンで、あるいはマリヤナ諸島の基地でしばしば再会する。

大陸を襲ひし頃は紅顔の部下なりけるがいたく老いたる

そのかみの一等兵と朝まだき昔を語る飛行場かな

遠藤幸男は予科練一期である。早く父を失い母一人に育てられたためか、市丸を父のように慕ってくれた。市丸は一夜遠藤と語りあった。「われ問はざれど」遠藤は戦死した仲間のことを語った。

誰はいつ誰はいづこと討死(うちじに)の話するかな古武者の君
君生きて中尉に進み空を征(ゆ)く得難き国つ宝とはなる

この老練の遠藤は昭和十九年十一月から翌年一月にかけて厚木基地から夜間双発戦闘機月光で発進し、B29爆撃機の後下方の死角から迫り、あらかじめその角度に射角を設定してあった機関砲でもって計十四機を撃墜破したと伝えられる人である。右の歌は二首ともここに掲げた初出の方が良い気がする。「生き残り中尉に進み」と市丸は加筆訂正したこともあったが、昭和二十年死んで遠藤中佐となった。その時、米沢の母親のカタカナの手紙が新聞などに紹介されたことを私は子供心に記憶している。

昭和十八年夏の日本は次第に守勢に立たされた。『冬柏』昭和十八年九月号の歌が、それまでのカビエン時代の「海鵬尖守」といういかにも南方一線の尖兵を思わせる題から変って「海鵬三征」となったのは、基地そのものがマリアナ諸島へ転じたからではあるまいか。そこには新しい飛行機が次々と飛来する。

昭和十八年頃

「陸攻」のずらりと並ぶ飛行基地見つつ露台に立てば楽しき

「陸攻」とは昭和十二年八月の渡洋爆撃や重慶爆撃などの際に用いられた九六式陸上攻撃機もさすが、ここでは一式陸上攻撃機をさすのだろう。いずれも本庄季郎の設計にかかわる。終戦までに九六式陸攻は一〇三二機、一式陸攻は二四一六機生産された。この一式陸攻生産数は双発機としては日本最大である。だがこの程度の量産では、相手がイギリス一国ならともかく、アメリカには敵するべくもない。半世紀前のアメリカには当時の日本にはまだなかった自動車産業がすでに存在していた。それをひとたび航空機産業に転換すれば「持てる国」アメリカの物量は「持たざる国」日本をたちまち圧倒したのである。

それでも新鋭機が飛来した時は市丸司令官は嬉しかった。次の歌は試乗した時の印象である。

酸素マスク掛くればをかし浮き浮きと鼻唄なども浮き出づるかな
煖房ありまた酸素あり高高度空の機内の思はざる春

昭和十八年九月一日、市丸少将は帰国命令を受ける。

幾万里西に南に鵬翼を駆りつつ軍(いくさ)してかへるかな
南溟の空より急に帰り来て打ち見る富士ぞ尊かりける
わが国の富士の高嶺の浮ぶ見ゆ伊豆七島の続く彼方に

九月二十日、市丸少将は宮中に参内する。

切先の折れし軍刀我が佩(は)きてわれ参内(さんだい)すわが誕生日

市丸は中国戦線でも搭乗機のガソリン・タンクを射ち抜かれ、辛うじて生還したことがあった。佐賀でその時のことを語って、「郷党を挙げて祈願をしてくださったお蔭で無事に帰還できました」という趣旨を述べた。人間、死生の境をくぐり抜けると信心も湧く。市丸は前に橘周太中佐の軍刀をしたしく手にとって見たことがあった。日露戦争で首山堡を夜襲し、勇往邁進壮烈な死をとげた橘は軍神とうたわれた人である。それは兼光の名刀だったが柄が敵弾に砕けていた。市丸は軍刀をいつも機上に持ちこんだ。それは命を託す護符でもあった。その忠廣作の刀は、先の歌にもあったように、ニューギニアの上空で敵弾を受け切先が飛んだのである。市丸は宮中に参内する光栄をその刀とともにわかちあった。だが市丸の身に寄り添うこの刀にはなおさまざまな運命が待ち受けていた。

富士讃歌

雲表に富士の高嶺の黯ずみて浮ぶに逢へり帰り来りて

昭和十八年九月初め、内地勤務を命ぜられて日本に帰って来た時、市丸がまだ思いも及ばなかったことは、その十四ヶ月後にはこの雲表にぬきんでる富士山を目標に、いま市丸が飛んで帰って来たと同じサイパン―横浜のコースをたどって、米国の四発爆撃機の大編隊が日本本土空襲に北上して来る、という事態であった。だが今回の第一三連空司令官兼鈴鹿空司令という一年弱の内地勤務の間に戦局はいちじるしく悪化して行く。市丸利之助の詠草にも明るい歌はもはや多くない。いま市丸が昭和十九年八月、最後の任地硫黄島へ赴くまでの一年の心境を『冬柏』に毎月のように寄せた歌から探ってみよう。

昭和十八年は七月二十五日にムッソリーニがローマで逮捕され、九月八日にイタリアが降伏した年である。

夢をかしムツソリイニと同牢し患ひを共にする夢を見つ

「をかし」といっているが、国際情勢が枢軸側に不利になりつつあることへの危惧がこんな夢と化したのだろう。

不安の種はもっと身近にもあった。市丸たちが育てた予科練兵は緒戦で真に輝しい戦果をあげ、戦争がもはや大艦巨砲の時代でなく飛行機が中心の時代であることを明らかにしてくれた。昭和八年、当時海軍航空技術本部技術部長だった山本五十六少将の提唱で「遠洋進出哨戒・攻撃」で陸上攻撃機が開発され、航空母艦を中心とする機動部隊作戦も次々と実施されたのだが、航空機の重要性をいちはやく認識し、作戦を指導した山本五十六大将その人がブーゲンビル島の上空で戦死してしまった。帰国した市丸は多磨墓地に死後元帥に列せられた山本の墓前に額づいた。

前線に我れ元帥を迎へし日けふの墓参を豈思はめや
松青くカンナの赤き多磨墓地に鉛の如きわが心ども
わが心次第に激しとどまらずああいかなれば君仆れたる

戦局の悪化は米日両国の生産力の差に由来する以上、たとい山本五十六連合艦隊司令長官が生きていたとしても、この劣勢は喰い止めることは出来なかったはずである。それなのに市丸のこの感情の激しさは、航空決戦の主導権が次第にアメリカ側に奪われつつあった当時の事態への焦りに似たなにかだったのではあるまいか。

　昭和十九年二月十七日、米機動部隊はトラック島を襲撃した。同六月十五日、アメリカ軍は一気に北上してマリアナ諸島のサイパン島に上陸した。サイパンから一般市民をまだ内地へ疎開させぬうちに米軍の上陸が行なわれたのは、やはり日本側が虚を衝かれたのだろう。市丸はカビエン基地にいた一年前、業務連絡でサイパンやテニアンやグアムへ赤道を越えて飛んだことがあった。当時はまだ第一線でなかったこの後方の島々は平和であった。テニアンでは南洋興発テニアンクラブの別棟を宿舎としたが、そこで戦後肥後日日新聞の社長となる加藤暁夢や阿部興資と句会を開いたことも、杖をついて吟行に参加したこともある。

　　ひとときの命を咲くや美人草

　とはその「海鵬三征」の頃の句であろうか。もはや餘命いくばくもないという予感が影を落している佳句である。美人草とは雛罌粟（ひなげし）の別名である。

　当時テニアンのカッチ山の洞窟には杉浦佐助が住んでいた。愛知県の宮大工であった杉浦はいちはやく南洋諸島に渡り、昭和四年土方久功（ひじかたひさかつ）がパラオへ渡るやその通訳となり彫刻の弟子となった。十年間四歳年下の土方と行動を共にした佐助は、昭和十四年土方の後押しで銀座三昧堂で「幻怪」な彫刻を展示して反響を呼んだ。高村光太郎は「あの南洋の土地からでなければとても生れないと思はれる原始人の審美と幻想とに満ちた、恐るべき芸術的巨弾」と激賞し、佐助に南幽の号まで授けた。テニアンで島の女と結婚し、日本軍玉砕のあと米軍捕虜となりキャンプで事故死した佐助の後年の作品はだが「ヤマタノオロチ」一つを除いて伝わっていない。その一つは加藤暁夢に紹介されて佐助に会った市丸が、自分の形見として佐助の作品を慇懃に所望し、暁夢に頼んで唐津の留守宅に送らせたからであった。市丸は「ヤマタノオロチ」の完成を見ずに、移動してしまったが、マリアナ諸島の思い出をこんな歌にしている。

スパニヤとメリケンの血と分けたればチヤムロの少女眉目(みめ)よきもあり

聞けば少女の父も兄もグアムの米軍に属していたため捕虜として日本へ連行されたという。だがマリアンもドルチイもメリケン風の踊りをおどったばかりか、踊り了えると花輪を市丸少将の頸にかけてくれた。それから十二ヵ月後、マリアナ諸島は戦乱にまきこまれてしまったのである。ガラパンとはサイパン島の町だが、市丸は原住民チャムロ族の身の上も気づかった。

ガラパンの護りも遂に危きかわが見し少女いかがあるべき

サイパン島、テニアン島、グアム島が次々と米軍に占領されて行く。日本の連合艦隊の一部は出動したが、昭和十九年六月十九日、マリアナ沖で敗れた。米国海軍航空隊の方がいまや質量ともに日本海軍航空隊を上まわる実力を備えるにいたったのである。

戦局はにわかに深刻化し、東條内閣は倒れた。サイパン島以下のマリアナ諸島が敵手に渡ったことは、日本本土がまもなく米国の長距離爆撃機の攻撃範囲内にはいることを意味する。すでに中国の成都からB29爆撃機は北九州めざして飛来していた。日本国民はつい数年前までは日本の陸の荒鷲や海の荒鷲によって重慶や成都が爆撃される様を他人事のように思い、映画館でニュースの中で爆弾が空を泳ぐように落ちて行くのを痛みも覚えずに眺めていたが、いまやそれに何層倍する大空襲が着々と準備されつつあった。一九四四年、アメリカのB29四発爆撃機は量産体制に入り、年末には月産一三五機に達した。その昭和十九年夏はわが国の航空機生産がピークに達した時期だが、その最高頂の時点においてさえ、日本側の生産機数は米国側の四分の一にも及ばなかった。

操縦士の質もいちじるしく低下した。開戦当初は日本の戦闘機一機は敵五機に相当すると言われたが、もはやそうした楽天的な見方を口にする軍関係者はいなくなった。内地では訓練をしようにもガソリンが不足していたのである。牧野原にいても、一時兼務する鈴鹿航空隊にいても、市丸は日米航空戦の推移を、戦闘という面においても生産という面においても考えていた。教育という面や訓練という面においても考えていた。すでに昭和十七年秋、カビエン基地にいた時、市丸司令官は日米の優劣について、とくに両者の物質的装備の優劣について、暗い予感に襲われたことがあった。

わが心曇りぬ業かもののぐか何れの国ぞ立ちやまさると

しかしこの海軍の司令官も、当時の日本人の多くがそうであったように、そのように比較的に日本を眺めること自体を拒否してしまったのかもしれない。というか、自分の任務はあくまで与えられた武器で闘う軍務であって、戦争の継続とか中止とかいう政治の問題は内閣や軍上層部が決めることと思っていたであろう。国際政治のことは念頭にあったが、市丸は非政治的な軍人であった。

ところで『冬柏』誌上で気づかれるのは、昭和十八年秋から十九年にかけ、わが国の敗色が濃厚になるにつれて市丸に富士にまつわる歌が増えた、ということである。徳川時代の日本では北斎や広重が平和な日々に画筆で富士を描いた。昭和の日本でも横山大観など多くの画家が描いた。だが戦時下の日本でも、あるいは爆撃機の窓から、あるいは飛行場の号令台から、朝夕富士を眺めては繰返しうたっていた軍人もいたのである。

木更津の海越しに見し朝日さす富士の麗容我忘れめや

これは昭和十五年、中国戦線から生還して木更津基地から浦賀水道越しに見た時の作である。昭和十八年、南方戦線から帰還した市丸少将は第一三連空司令官として大井川西岸の、現在の静岡空港にほど近い、牧野原基地にいた。大井川が駿河湾に注ぐ川口から御前崎にいたる辺りが相良だが、その海岸から仰ぎ見た景色は戦前も戦後五十年の今も変らない。

群峰の箱根天城を従へて富士南面す海の彼方に
讃美して富士大王と吾呼ばん相良の濱に富士を仰ぎて
頂上は残照するにいちはやく富士の裾野へ寄する夕靄

この三首は飛行場建設が行なわれていた昭和十五年末頃の作である。牧野原基地で見る富士は南方で死線をくぐってきた市丸の目にはことのほか美しく見えた。

司令部の椅子を斜に構ふればゐながらにして富士見ゆる窓
大井川橋を隔てていさぎよき富士の姿を仰ぐ秋かな
隊内の社に詣で朝な朝な富士を仰げば我が心澄む
東海の小春日和の柔かく夢より淡く富士霞みたり

遠江（とほたふみ）牧野が原の高台に朝日かがやき富士見ゆる秋
秋進み西風（にし）寒けれど今朝も亦（また）眺望台に来て富士を見る

一連の富士讃歌は戦局の推移とは別天地のような穏やかな澄んだ心境である。そこには軍国時代の絵や歌にありがちな気負うたところが見られない。連作は昭和十八年十一月十五日に牧野原に着任した晩秋に始って昭和十九年の春へと続く。次の歌など飛行機が雲を抜けて上空へ出た時、富士もまた雲表に出たのが見えたかのようなダイナミックな動きが感じられる。

垂れこめし雲中腹（ちゆうふく）に凝結し忽（たちま）ち白く抜け出づる富士

富士への愛着は飛行機乗りのこの軍人歌人が、地上からのみか空中からも富士を眺める、その印象の多様さにもよるのだろう。市丸の富士百景はおおむね平和で、これが戦時下の日本かといぶかしく思われるほどである。

夕靄の伊豆を包みて海原も富士も縹（はなだ）に冬の日暮れぬ
紺青（こんじやう）の駿河の海に聳えたる紫匂ふ冬晴れの富士

縹(はなだ)は薄い青ないしは薄い紺である。昭和十九年の春が来た。

野も山も包み了りて春霞包みあませる富士の白雪

だがこのような手弱女(たおやめ)振りは益良雄(ますらお)振りと表裏をなしている。市丸は生と死の境を生きる人であればこそひとしお深い感慨で富士を詠んだ。死を覚悟した者は永遠を求める。市丸は富士に国土の永遠を見る。その祖国の悠久を信じようとしたからこそ、朝な夕な霊峰を仰いで、わが命を託するような思いで富士を詠んでいたのではあるまいか。

昭和十九年、敵がサイパン島に上陸した初夏、市丸少将は三度第一線に立つ内命を受けた。戦時下の日本ではまれなことだが、市丸は横浜グランド・ホテルに岩野喜久代など『冬柏』の同人を招いた。岩野は昭和十五年六月、市丸司令の漢詩と和歌と関根實航空兵曹の和歌六十首とを『空中艦隊』の名で小冊子に合本として世に出してくれた人である。岩野は関根が空中戦をうたった、

映画見る心地こそすれ敵の機のクロオズアップ我れに迫り来

を新時代の新境地の歌だと好意的に評した。その岩野はその四年後の夏もまだ日本の勝利を信じて

いたにちがいない。市丸の四人の子供たちは思いもかけぬ宴会に無邪気にはしゃいでいた。ただ夫人のスエ子だけは夫が何故この宴に人を招いたかを知っていた。以心伝心で武人の妻にその覚悟は伝わっていた。市丸は自分が一昔前親しく教えた追浜の予科練の一期二期三期四期という日本海軍の至宝のパイロットたちの過半がすでに戦死したことを知っていた。上司として市丸は自分がまだ生きていることがなにか負目であるかのように感じられる時さえあった。

大陸に太平洋に勇ましき部下を死なせつ我れいまだあり

昭和二十年八月十五日までに予科練一期生は七十九名中五十六名が戦死し二十三名が生き残る。この七割強という戦死率は戦争末期の海軍兵学校出身者の戦死率にほぼ匹敵する。やがて第二七航空戦隊司令官に任ずる旨の命令が出た。その時、市丸はあらたまって「正述心緒」と題して次の三首の歌を詠んだ。

わが国土護らざらめや富士秀で桜花咲く天皇(すめらぎ)の国

わが命霞ヶ浦に蘭州にニウギニヤにも落さで来しが

天皇(すめらぎ)の国護るべくわが命遂に捨つべき時となりけり

こうして思いのはしを述べると市丸少将は牧野原基地で引継ぎをすませ、伊勢の皇大神宮に詣でた。

三征の命をかしこみ神風の伊勢に詣でて出で立つわれは
この度はかへらじと思ひ神路山内外の宮居をがむかしこさ

昭和十九年八月上旬、市丸は木更津基地から飛行機で硫黄島へ向った。

夏雲の褥(しとね)ゆたかに紫の色もめでたき富士のいただき
既にして富士ははるかに遠ざかり機は一文字南の島

この歌を最後に市丸利之助が富士を歌うことはない。市丸にはふたたび富士を見る機会が訪れなかったからである。

第四章　硫黄島

栗林陸軍中将と市丸海軍少将

昭和十九年六月、アメリカがラバウルやトラックを飛び越して機動部隊を北上させ、マリアナ諸島を一挙に奪った時、

「次は硫黄島だな」

という思いが東京の大本営の参謀たちの間に走った。それはサイパン、テニアン、グアムのマリアナ諸島を占領した後は、アメリカ軍が直接日本本土進攻を志向するにせよ、南方との交通遮断を狙って沖縄など東シナ海方面へ進出を試みるにせよ、硫黄島を制圧することはいかにも有り得ることだっ

たからである。

硫黄島は東京から一二五〇キロ南に位置し、さらに同じ距離だけ飛ぶとマリアナ諸島に達する。島の長さは南北八・三キロ、幅は東西四・五キロ、広さは東京都の品川区ほどの面積である。そんな小島だが、東京とマリアナ諸島の中間点にある唯一の平坦な島であった。そこにある三つの飛行場の戦略的重要性は高かったのである。

米軍からすれば、硫黄島を占領すれば、マリアナ諸島の基地から発進するB29長距離爆撃機が日本を空爆中に被弾・故障した場合でも帰途不時着できる。またたとい途中で海上に不時着水したとしても、その飛行機を硫黄島から救助に行ける。さらに硫黄島から戦闘機に補助タンクを付ければ日本本土を空襲するB29爆撃機を掩護できる。そのほか日本本土進攻の際の重要な一基地となり得ることも考慮されていた。

それに対し日本側は、この島が敵手に落ちれば硫黄島を基地として米軍のB24爆撃機とP38戦闘機、P51戦闘機の戦爆連合でもって本土空襲に飛来するものと予想していた。それは日本側はB24は量産が行なわれているが、航続距離が六千キロを越すB29の量産は遅れている、と推定していたためである（昭和二十年二月十八日付『朝日新聞』解説）。

日本陸軍は栗林忠道中将を第一〇九師団長に任命し、同時に小笠原地区集団司令官にあてることとした。相模湾の南に大島から始まる伊豆諸島が点々と八丈島に至り、その先に小笠原諸島があって、そのさらに南に硫黄島があるのである。

栗林中将は騎兵科の出身、かつて陸軍省馬政課長時代、『愛馬進軍歌』の歌詞を広く国民から募り、それを軍国歌謡として全国に流行させた人である。

国を出てから幾月ぞ
共に死ぬ気でこの馬と
攻めて進んだ山や河
取つた手綱（たづな）に血が通ふ

日支事変の初期の大陸で輸送力として必需の軍馬に対する国民的関心をこうして高めるのに成功したというから、栗林は並みの軍人ではない。しかも「取つた手綱に血が通ふ」は、歌詞の選定に当った栗林自身が添削加筆した一行だった。

陸軍大学校を二番で卒業した栗林はまた日本陸軍有数の米国通でもあった。すでに昭和三年三月から昭和五年七月まで騎兵大尉から少佐の時代に第一回のアメリカ勤務をしているが、栗林の「お父さんより太郎君へ」という小学生の長男に宛てた絵入りの手紙は何十通もあり、太郎はそれを揃えて一冊の本にしているという。それにはこんな図が描かれていた。米軍の将校と馬に乗って演習に行くところ、将校家族のダンスパーティに招待され美人たちからサアサアと積極的にダンスを求められて閉口しているところ、栗林は自動車を買って自らアメリカ大陸を縦横に走ったが、大高原を走っているところ、吹雪の中で立往生しているところ、テキサスの風景、ハーヴァード大学の中庭での昼寝、博物館の時計、友人がアパートを訪れ「栗林君には部屋が良すぎるよ」とからかっている図、六十人のお客を一流ホテルに招待しているところ、アメリカの子供たちになつかれ閉口している様まで面白く絵に描いてある。それらは片仮名を主とし、それにわずかの漢字を入れ、小学生の太郎にも読めるよう気を配り、必ずスケッチが添えられた絵手紙であった。――太郎は硫黄島から大学生の自分に向って「御身の手紙は表だけへ一行置きに書いてゐるが、紙の節約上よくないことです」などと細かな注意をよこした父を煙たく思ったこともないわけではない。だが父の死後その絵手紙を読み返すと、日本人として外国人に笑われない立派な紳士となるよう努力した父だと太郎は思わずにはいられない。

(この栗林忠道の絵手紙はその後吉田津由子編で小学館文庫本に収められたが、栗林その人についての適切な解説がなく淋しいことに思った。二〇〇五年に出た梯(かけはし)久美子『散るぞ悲しき』(新潮社)には栗林指揮官が硫黄島から家族に宛てた手紙が多数引用されている。ただしこれはさかしらな解説が時々ついていて誤解を招く。むしろ栗林中将の手紙だけの方が良かったのではないか、と思わせる一冊である。)

栗林忠道は背はすらりと高く、肉はひきしまって、見るからに端正で聡明な将軍であった。第二次大戦を通じて、最高指揮官の個性が戦闘に強烈な影響を与えた例は日本側には必ずしも多くはないが、硫黄島の戦いは栗林中将あっての戦いといえるほどで、その作戦は日本敗れたりといえども戦史に名を留めるものとなった。

米軍がサイパン島に上陸する一週間前の昭和十九年六月八日、栗林中将は空路硫黄島に着任した。小笠原諸島でなく南の硫黄島を司令部に選び、最高指揮官が指揮下部隊に先行したのは、アメリカ軍の攻撃目標は硫黄島以外にはないという戦略上の判断と、指揮官は戦場の焦点に在るべしという信念に基づいていた。

栗林忠道（新潮社版より）

「ここは皇土防衛の第一線である。ここで俺は死ぬ」

栗林は自分が親しかった騎兵隊の先輩の小畑英良中将や斎藤義次中将がグアム島やサイパン島でどのように戦ったか、その報告電報を注意深く検討した。そして自分が硫黄島に赴任した時は、その健在をまだ信じていた日本の連合艦隊が実はすでに敗れ、海軍や空軍の援護はもはや期待できないとじきに知ると、従来型の水際撃退作戦の計画を捨て、敵軍の上陸を一旦許した後、地下の陣地にたてこもって地上のアメリカ軍に出血を強いる、という作戦に切り換えた。そのために兵に命じもっぱら穴を掘らせたのである。比較的にいえば地下壕の掘りやすい地質であるとはいえ、硫黄島の自然条件ははなはだ悪かった。着任一月後の昭和十九年七月七日、中将は満五十三歳の誕生日を迎えたが、その日夫人に送った手紙に、

「皆々変りない事と思ひます。私も丈夫でゐますが、此の世乍ら地獄の様な生活を送つてゐます」

と書いている。栗林中将の私信は、もし一兵卒が家族に書き送ったなら必ずや検閲にひっかかったに相違ない率直な感想が混じっているのが特色である。「この世ながら地獄」というのは硫黄ガスが噴き出すからで、島は地熱が高く、地下十メートルを目標に地下壕を掘ると内部温度が摂氏四十九度に達する。しかし水が湧かないからこそ壕も掘れたのである。硫黄ガスのためか雀も生息していない。湧水はなく天水が頼りだから、一人が使える水の量が極端に乏しい。栗林司令官は飯椀に使う洗面器に少し入れて顔を洗い——といっても目を洗うだけで、その同じ水で副官も洗い、残りは丁寧に取っておいて便所の手洗水にした。そんな毎日だったから、中将は視察の途中、部隊長の一人がかすかにたたえた水に手拭いをひたし、捧げるようにそっと顔をぬぐった時、色をなして叱った。上級将校の優遇を認めないこの司令官は兵たちの信望を集めた。

こうして半年かかって地下二十メートルの戦闘指揮所、住居用坑道陣地一二・九キロ、交通路三・二キロ、貯蔵庫一キロ、陣地一キロ、そして南の摺鉢山には蜘蛛の巣状に約六キロの地下陣地がはりめぐらされた。栗林中将は住民を三次にわたって本土に引揚げさせた。

市丸海軍少将は栗林中将より二月遅れて昭和十九年八月、島の飛行場に降り立った。着任の日にもいち早く敵機が来襲したが、それは日本機が軽くあしらってくれた。しかし市丸は、硫黄島に自分の乗るべき飛行機もないまま取残された海軍の搭乗員たちから、最近の深刻な事情を聴かされた。

硫黄島はサイパン上陸が行なわれた六月十五日から繰返し爆撃を受けた。六月二十四日の早朝には硫黄島上空で彼我あわせておよそ百五十機による大空中戦も繰りひろげられた。その際は撃墜王と後に呼ばれた坂井三郎少尉もグラマン戦闘機十五機に囲まれ苦戦を強いられ、九死に一生を得て硫黄島の飛行場に着陸した。七月四日には敵機動部隊に体当りする覚悟で出撃したが、発見できず引返した。その後硫黄島の飛行部隊は空襲と艦砲射撃で一旦は全滅する。坂井は飛行場に弾着がはじまった時、地雷と砲弾の充満した陸軍の穴蔵へ避難してもかえって危いと判断し、外で敵艦隊の砲撃のお手並を拝見した。大きな砲弾が頭の直上を水平に通ると、空気が一瞬真空状態になって、かぶっていた飛行帽が吸いあげられた。弾着の爆発音やシュシューという砲弾の飛行音が先に聞え、暫くしてから敵艦隊の方からドドドドドと発射音が聞えてきた。しかし飛行機を失ったこれらの搭乗員たちの多くは、搭乗員の不足に悩む内地から来た迎えの飛行機で、祖国の土を踏んでまた戦うことができたのである。

市丸が第二七航空戦隊司令官として硫黄島に着任した時、劣勢の日本側の実動機数は零式戦闘機十一機、艦上攻撃機二機、夜間戦闘機二機であったと伝えられる。それでも市丸司令官の歌は強気であった。

寄せ来るを待ち構ふれば敵は外れ隣り(そ)の島を襲ふ甲斐なさ

アメリカ機は小笠原諸島の父島を爆撃して帰って行った。

小学唱歌

沖縄戦の最終段階でもそうだが、日本の陸海軍はしばしばいがみあった。それは陸軍で食糧が欠乏すると海軍は物資が豊富なように見え、激しい集団的嫉妬の情が湧いたのである。硫黄島では小さな島に陸軍部隊の数がにわかに増員されたから、食事の量はいちじるしく削られた。海軍はまだしも物資を揃えていた。それでも、

一本の燐寸(マッチ)尊く食卓の四人の煙草いざともに点く

栗林中将の夫人宛ての手紙や市丸少将の歌稿は、敵の空襲の間を縫って往来する連絡機に託されて、昭和二十年二月四日の便まで続いた。島の生活を市丸はこう元気づけて歌った。

益良雄（ますらを）の軍歌の声の流れ来る海の真中にたそがるる島
誰が鳴らす千鳥の曲かこの夕（ゆふべ）南の島のくら闇にする
まめやかに仕ふる兵のあればこそ島の日日（にちにち）楽しかりけり
常夏（とこなつ）の島静かなり相思樹（さうしじゅ）の下の暗きにすだく虫の音
相思樹の下一面に拡がれるコカの緑の常夏の島
年月の丹精こめしコカの木を島に残して去るは憂（う）からん

この最後の歌は島の住民が二百トンほどの舟で内地を指して引揚げた時の作だろう。

敵の攻撃は絶え間なく繰返された。サイパン島陥落以後、昭和二十年一月までの七ヵ月間にアメリカの機動部隊の来襲は十二回、延一二六九機。マリアナ諸島からする基地空軍の来襲は六十九回、延一四七九機。水上艦艇による砲撃は八回、延六十四隻に及んだ。

砲撃にまた爆撃にわが島の地物の形日に改まる

　工人もまた闘魂に振ひ立ち復旧成りて住むに家あり
　かばかりはかねての覚悟かばかりの敵の為業(しわざ)に只微笑せん

しかしその間、一方的に爆撃されていたばかりではなかった。当時、硫黄島の北の小笠原諸島近くで日本軍に撃墜され、同乗者は死んだが自分は落下傘で脱出し友軍に救出された十九歳のアメリカ軍兵士もいた。そのジョージ・ブッシュ（父）は後に第四十一代米国大統領となる人である。

　一撃に敵は蹌踉(よろめき)逃れ去り落下傘にて降るはヤンキイ
　敵機呑みあはれ南の海面に燃ゆるガソリン五時間つづく

この撃墜されたコンソリデーテッドB24四発爆撃機が空高くまで黒煙をあげる写真は日本の新聞紙上にも大きく掲載されたものである。マリアナ諸島から本土へ飛来するB29四発爆撃機の数が次第に増した。その一機がサイパン―東京往復に消費するガソリンで一台のトラックなら二年間走り続けることが出来ると航空研究所の糸川英夫氏は東京のラジオで解説した。

昭和二十年にはいると硫黄島の海軍航空隊の飛行機は二機を除いてことごとく破壊された。陸軍の一幕僚が市丸第二七航空戦隊司令官に言った、

「司令官、飛行機もないこの硫黄島で、パイロットの草分けが陸戦指揮するのは、国家のためにもったいないことだと思いますが」

だが市丸は静かに首を横に振って答えた、

「一機も飛行機がなくなったからこそ私の存在の意義があるのです。飛行機がなくとも市丸は戦う。死なばもろともという気持を将兵はわかってくれるでしょう」

市丸司令官は不平をなにひとつ言わない人だった。司令官は兵の苦労を慮った。

洞に臥す兵は地熱に凝えられてとかく熟睡のとりえぬ恨み

摂氏四十五度から五十度の地下壕ではよく眠れるはずはない。市丸は海軍部隊を陸戦に備えて訓練した。司令官は硫黄島もサイパンと同じ運命を早晩免れないと覚悟を決めていた。とかく陸軍と張り合う傾向にあった海軍が、硫黄島では対立しなかったのは、栗林中将と市丸少将という陸海の司令官の人柄によるところが多い。

市丸は陸海軍の合同会議でも発言することは少なかった。それでも陸戦に不慣れの海軍部隊を陸軍の五つの地区隊に分属させ、地区隊長に活用させるが良い、という陸軍本位の提案がなされた時は、

「海軍には独特の習慣があり、死なばもろともという諺もある。一ヵ所にまとめて戦争させてくだ

さい」

と言った。その声には腸（はらわた）をしぼる底力がこもっていて、日ごろの人徳とあいまって一同に感銘を与えた。栗林最高指揮官も「結構です」とその場で了承した。

昭和二十年二月号の『冬柏』は柏邨こと市丸利之助の歌が載った最後の号である。市丸の歌稿は二月四日に硫黄島を出た連絡機にもなお託されたにちがいないのだが、『冬柏』そのものが二月号限りで、三月九日夜の東京大空襲以後は出なくなってしまったのである。

その『冬柏』の最後の号には硫黄島の水事情がこう歌われている。

島にして待たるるは何船と雨慾を申さば知る人の文
スコオルは命の水ぞ雲を待つ島の心を餘人は知らじ
スコオルをあつめたくはへ水槽の満満たるを見ればたのしき
雨降らす雲吹き寄せよ風の神兵に戦（いくさ）の塵洗はせん

陣中の市丸少将について報じてくれる生還者は少ない。堀江芳孝陸軍少佐は参謀として父島と硫黄島を往来し、父島で生きて終戦を迎えた人だから『小笠原兵団の最後』や『闘魂硫黄島』の著者となった。いま一人の語部（かたりべ）は硫黄島の海軍司令部ただ一人の生存者海軍上等兵曹松本巌である。暗号主任下士官の松本から見た市丸が「一種独特のマスクの持主であった」ことはすでに述べた。下士官であってみれば司令官の顔をそういうよりほか論ずることは出来なかったであろう。市丸の写真としては昭和二十年一月に撮影されたものが『小笠原兵団の最後』に再録されている。

その松本も「まめやかに仕ふる兵」の一人だったのであろう。松本はこんな思い出も伝えている。市丸は唐津の東はずれ浜崎諏訪神社近くで生れた。五月の春祭りにはあんこを蒸した白米で包んだけえらんという菓子が出た。硫黄島の海軍司令部で二人きりになった時、市丸司令官が「唐津のけえらん、食わねばけえらん」という歌を松本に向って歌った。これは二人がともに佐賀出身という気楽さも手伝ってのことだろう。二人だけの時には市丸は佐賀弁を使ったこともあった。「唐津のけえらん」の歌を聞くや松本上等兵曹は「神埼（かんざき）そーめん、小城（おぎ）ようかん、佐賀の仏さんにあげまっしょ」と故郷の神埼郡の歌でお返しをした。硫黄島で日本兵は餓えていた。司令官と下士官はこんな郷土名物の歌をうたって、餓えを笑いにまぎらしていたのである。その松本が『小笠原兵団の最後』に寄せた市丸司令官にまつわる次のエピソードは、かつて予科練の生徒から父のように慕われた人の面影をこんな面からも伝えている。

暗号員の中にはまだ紅顔の美少年ともいえる少年兵も多数いた。夕刻ひまな時、彼等はよく蠟燭岩と呼ばれた岩の下に集った。硫黄島には雀はいなかったが、目白や鶯が遠くで鳴いていた。市丸の歌にも、

砲煙の巷を去らず朝にけに兵に囀る島のうぐひす

とある。俳句をたしなむ松本に市丸司令官は短歌の手ほどきをしてくれたこともあった。その夕べ少年兵たちの歌っている美しい声が聞える。松本上等兵曹は少年兵たちに遠慮するつもりで岩の反対側に廻ろうとしたら、市丸少将が黙想に耽るかのように眼を閉じて腰をかけている。びっくりして挙手の礼をし、立去ろうとすると少将が、

「シーッ」

と口に指を当てて、

「ここへ来い」

と手真似をした。松本も腰を掛けると、少年兵の中で斎藤上等水兵、南一等水兵、坪井上等水兵の歌声が流れて来る。

夕空はれてあきかぜふき
つきかげ落ちて鈴虫なく

ほかの少年兵たちがこれに鼻声で合わせている。見ると市丸司令官の閉じた眼から涙が一筋頬を伝

って流れた。松本は事の意外に驚くとともに自分も眼頭が熱くなるのを感じた。『故郷の空』は小学唱歌として広く愛唱された歌である。

おもへば遠し故郷のそら
ああわが父母(ちちはは)いかにおはす

市丸司令官はこの少年兵たちを待ち受けている運命を思い、心動かされたのであろう。また松本上等兵曹は鬼神かと思われた司令官が涙したことに誘われて、ついむせんだのであろう。『故郷の空』は日本人に親しまれたために、歌った少年兵も聞く市丸や松本もそうとは知らなかったであろうが、本来は敵国（スコットランド）の民謡である。硫黄島で死んでいったそうした若い兵士たちの合唱を一度でもよいから米英軍の将兵にも聞かせたかったという気がする。

そのような部下に対する父性愛を秘めた市丸司令官であったが、しかし戦闘指揮となると一変して厳たる態度を取った。栗林中将は来着部隊を迎えるごとに、「実戦本位、敬礼の厳正、時間の厳正、速達即行、油断大敵」の五項目の要望項目を示達して、各隊ごとに地下壕掘りを命じたが、市丸も同じであった。一度その場繕いの報告をしたといって一中佐に謹慎命令を出したこともあった。

此の度は許し遣す再びはさし置き難し心して去れ

これは時期的には硫黄島着任以前の作だが、市丸が部下の過誤に対してとった処置の原則を示したものといえるだろう。

硫黄島で歌を遺した人には付録で紹介される折口春洋のほかに学徒兵もいた。蜂谷博史は東京大学文学部出身の兵士だが、『きけわだつみのこえ』に昭和十九年十二月付の次の歌が録されている。

硫黄島雨にけぶりて静かなり昨日の砲爆夢にあるらし
爆音を壕中にして歌つくるあはれ吾が春今つきんとす

南海の淋しさに堪えて生きた蜂谷兵長は十二月二十四日、アメリカ軍の爆撃で死亡した。蜂谷の次の歌にも死の予感は漂っている。

人いきれいやまし来る壕中に淋しく生きる人ありあはれ
南海の淋しさに堪え我は生く人いきれする壕下にありて
硫黄島いや深みゆく雲にらみ帰らむ一機待ちて日は暮る

昭和二十年二月十四日、木更津基地を未明に発進した海軍の索敵機が未帰還となった。撃墜された公算が大であり、敵機動部隊の接近が予想された。正午、硫黄島を発進した陸軍の偵察機がサイパン西方八十マイルに約百十隻の機動部隊を発見した。続いて午後四時、木更津基地発進の別の一機が硫黄島にせまる水上艦艇部隊を認めた。

二月十五日午前十時、哨戒機から、

「敵ノ大機動部隊ウルシー北方海上ヲ西北進中」

という電報が硫黄島海軍司令部にはいった。暗号主任下士官松本巌がすぐ電報を先任参謀間瀬中佐に届けた。赤田防備参謀は興奮にふるえる手で電話機をとり、陸軍の中根作戦参謀を呼び出す。

「敵が、敵がやって来ました」

「赤田君、あわ食うな。いますぐ行きます」

中根はかたわらの高石参謀長に電話の要旨を伝えると、すぐ海軍司令部に駆けつけた。そこではすでに市丸少将を中心に一同が情況を検討している。中根は敵は沖縄攻撃に出動した機動部隊ではないかと考えた。そこへ松本上等兵曹が追加の電報を持って来る。

「敵ハ輸送船団ヲ伴フ」

これは大攻撃であり、上陸作戦を意図しているものである。硫黄島はにわかにあわただしくなった。栗林総指揮官は敵の上陸に備える甲配備を命じた。島は終日、水を各陣地に運ぶトラックや牛車の列が往き交い、手榴弾、対戦車用爆雷、火焔瓶が新たに補給され、地上も地下も騒然とした。甲配備の発令と同時に食事の量もにわかにふえ、日本軍将兵は久しぶりに腹いっぱい飯を食べた。午後一時三十分には哨戒機から、

「敵ノ大船団硫黄島ニ向フ」

という電報がはいった。もはや間違いはなかった。

二月十六日、旧式戦艦七隻、重巡洋艦四隻、駆逐艦十五隻の上陸支援部隊がこの小さな島を包囲した。包囲は約二時間で完成した。南方八十マイルに位置する十一隻の護衛空母から艦載機が飛来して爆撃を開始した。悪天候のために空襲が中断されると、艦砲射撃がそれに代った。それは三日間続いた。日本側に残されていた最後の零式戦闘機二機が六十キロ爆弾を抱いて離陸したが、摺鉢山をまわったところで対空砲火を浴び、海中に墜落した。こうして市丸は航空機をまったく持たぬ素手の航空戦隊司令官となった。敵艦隊の背後からは数万の海兵隊を乗せた大船団が近づいて来た。

栗林忠道の妻への手紙

島の将兵〇〇は皆覚悟を決め、浮ついた笑一つありません。悲愴決死其のものです。私も勿論さ

うですが、矢張り人間の弱点か、あきらめ切れない点もあります……　殊に又、妻の御前にはまだ餘りよい目をさせず、苦労許りさせ、これから先きと云ふ処で此の運命になつたので、返すぐ〵残念に思ひます。

私は今はもう生きて居る一日一日が楽しみで、今日あつて明日ない命である事を覚悟してゐますが、せめてお前達だけでも末長く幸福に暮らさせたい念願で一杯です……　私の一身に付てはもう一切気にかけることなく……

空襲は相変らず毎日あります。このごろでは夜間一機か二機、昼間二十機内外の空襲が欠かさずあります。その度ごとにこちらの飛行場や陣地がいためつけられるので、あちらこちら見渡す限り草木がなくなり、土地がすつかり掘りくりかへされて惨憺たる光景を呈するに至りました。内地の人では想像もできない有様です。敵はわが陣地をシラミツブシに爆破してしまふ考へらしいです。空から見える元あつた人家などは勿論、もう皆潰されて荒涼たるものになつてゐます。これがもし東京などだつたらどんな光景（もちろん凄惨な焼野原で死骸もゴロゴロしてゐる）だらうなどと想像し、何としても東京だけは爆撃させたくないものだと思ふ次第です。

以上のやうに爆撃があるほか敵は偵察にも来るので、その時もやはり空襲警報ですから、日に幾回となく空襲警報がかかり、去る十日などは四回も防空壕内に飛込んだ始末です。防空壕に入ればまづ安全ですが、それでも生埋めになるものもあり、防空壕ごと体全部微塵になつて飛び散つてしまふものもあります。前にも申しましたが私共はいつ空襲があつてもいいやうに全くの着のみ着のままで、夜はそのままゴロ寝です。どんな暗闇でもすぐ避難できるやうにして…… いつそ防空壕内で寝起きすればいいわけですが、それは体に非常に悪いから今のところできるだけ壕外で生活することにしてゐるのです。

敵が上陸してくる事になれば、愈々アッツやサイパン同様激しい戦闘が起り、晩かれ早かれ生死何れかに運命はきまるのである。かうして手紙が書けるのも後何遍あるか。……ほんとに色々と長い間厄介になりました。厚く礼を申します。

これは硫黄島最高指揮官栗林忠道中将が「戦地にて良人より」として妻よしゐへ宛てた昭和十九年七月、八月、九月の手紙である。サイパン島、テニアン島、グアム島の日本軍が次々と玉砕した時期だから、死の覚悟が示されている。と同時にその文章には妻へのいたわりと人間的な感情が溢れている。

……私も米国のためこんなところで一生涯の幕を閉ぢるのは残念ですが、一刻も長くここを守り、東京が少しでも長く空襲を受けないやうに祈つてゐます。

硫黄島の日本軍がなぜあのように勇戦奮闘したかについて半世紀後の日本人の間に理解に苦しむ者がいたとしたら、それは恩知らずというべきではあるまいか。兵士たちも栗林将軍が昭和十九年九月十二日付の手紙に記されたと同じような、内地への空襲を少しでも先に延ばしたい、という護国の気持をわかちもっていたからこそ、硫黄島で戦い、そしてそこで死ぬことに意義を見出していたのである。

市丸俊子への最後の手紙

市丸家が横浜磯子に住んでいたころ、ビールはもう配給制になっていた。鈴鹿から休暇で戻った市丸司令はこんな休暇の一日を過したこともあった。

一本のビイルの内の一杯を妻にも分ち家居(いへゐ)するかな

父母の椅子の繞(まは)りに子等つどひ海に面して涼(りやう)とる月夜

敗戦後、市丸の遺族はこんな歌に示された利之助の良き夫、良き父としての思い出を心のよすがとして耐えがたきを耐え、戦後の日々を生き抜いたのであろう。尾崎才治は予科練三期だが戦地で右腕を失った。

一腕を失ひ得たるもののある面魂を吾れ君に見る

尾崎は市丸の歌に励まされ、左手でなんでもやり、立派な字も書き、戦後を生きた。尾崎は予科練の同窓会に「雄飛会の母」といって市丸未亡人も招いてくれたという。

硫黄島から市丸は市丸家でただ一人静岡県大宮国民学校初六女ノ一組へ疎開した次女俊子宛てに手紙を送っている。その俊子のことは『冬柏』昭和十九年九月号にも出ていた。

疎開する子ゆゑにことに父我れの首途(かどで)の写真与へつるかな（次女俊子へ）

封筒に硫黄島とは書けないから裏には千葉県木更津基地気附ウ二七―ワ二六八市丸利之助とある。

表には軍事郵便と検閲済のスタンプが捺してある。そこに村上と印が捺してあるのは村上治重通信参謀が海軍航空隊の検閲責任者だったからだろう。その文中の「大元気」の「大」の字は眼底に刻まれて俊子を終生励ます一字となった。

俊子へ
お手紙とお端書有難う、
富士山を見乍ら勉強をしたり、ドングリ拾ひをすることは日本中の疎開児童中でも仕合せの人と思はねばなりません、
お父さんは大元気ですから安心しなさい、
元気で此の冬を越しなさい

戦地にて
父

十一月十五日

疎開先の次女への返事にも富士山の姿は永遠に美しく浮ぶのであった。
その前後、能代市の佐伯輝子は前線で戦う海軍軍人の夫君から市丸司令官の色紙が届けられた。

かねて君心得たればかばかりの敵の猛撃も只ほほ笑めとこそ

と書かれていたかに記憶する。それというのは空襲で佐伯家も色紙も焼失してしまったからである。夫君はマニラで戦死した。原歌と少し違うかもしれないが、佐伯夫人はあれから五十餘年、あの戦況の下で、妻のもとに色紙を送ってきた夫の心が年が経つにつれわかったような気がした。そしてこのような和歌を詠む素晴らしい上官の下で、しばらくでも一緒にできた幸せを思い、夫は莞爾として戦死できたのではないかと少しばかり心の安まる思いがするのであった。歌は未亡人の心の中に温かく生き続け息づいているのである。

その後にも、硫黄島基地で内地へ帰還直前に市丸から歌をもらった人がいま一人いる。古賀は戦後遺族にその最後の色紙を形見に届けてくれた。いまその色紙は鹿屋の海上自衛隊航空基地資料館に収められているが、歌は飛行場付近の光景で、タコとは小笠原諸島の特産の蛸の木をさしている。幹の下部から多数の気根が斜めに生えていて、その形状が蛸に似ているからそう呼ばれた。

わが島の緑を奪ふ敵憎しタコも榕樹も丸焼となる

於U基地　十二月十日　　市丸司令

古賀大尉殿

「敵憎し」とあるが、その歌には憎悪よりも自己客観視のユーモアがそことなく感じられる。「タコも榕樹も丸焼」の風景を見わたして、市丸司令官と古賀大尉は微笑を浮べて別れた。それが今生の別れとなった。

このタコの木についてはこんな思い出もあった。硫黄島にいた陸海軍の幕僚で兵隊の信望を集めたのは陸軍の中根中佐と海軍の赤田少佐で、少年兵がタコの実を使って羊羹を作る時、赤田は薪を運ぶやら、タコの実をつぶすやら手助けをした。そして出来上った時は自分がコックになって羊羹を皿に盛って司令部の皆に配るという面白い、融和の中心人物であった。陸軍側との作戦会議でも赤田少佐は人をよく笑わせた。お蔭で会議は順風を受けて走る帆舟のように進んだ。剣道五段の中根陸軍中佐と柔道二段の赤田海軍少佐は日常ともにユーモアに富み、危急に際しては即決勇断、二人の仲ははた目にも羨ましいほどであった。米軍上陸後は激戦中、戦傷者が地下壕内に運びこまれると、赤田参謀は陸兵たると海兵たるとを問わず、「御苦労、しっかり頑張って」と言い、自分の口で負傷兵の傷口から蛆虫を吸い出してやった、という。赤田邦義は戦死した時二十八歳であった。

市丸美恵子のラジオ放送

市丸一家は一男三女である。利之助が霞ヶ浦で墜落重傷を負った大正十五年五月五日が長男が初節句を迎えた日であったことは前に述べた。戦争末期その長男は千葉医大の寄宿舎にいた。そのため横浜市磯子区磯子町間坂の留守宅にはスエ子夫人と女学校に通う長女晴子、当時の小学校がそう呼ばれていた浜国民学校へ通う四年生の三女の美恵子の三人だけで暮していた。

昭和十七年来ラジオでは「前線へ送る夕べ」の番組が組まれたが、昭和十九年秋、美恵子にその放送に出るようにという話があった。海軍省が東京近辺に住む硫黄島派遣将兵の留守家族に「硫黄島将兵慰安の夕べ」の企画に出るよう手配したらしい。市丸は公私の別の厳しい人で手紙などには自分の行先は書かなかったが、それでも家族は父の勤務先が硫黄島であることはうすうす知っていた。

放送に出れば父はわたしの声を聴いてくれる、そう思って美恵子は便箋三枚に綴り方を書いた。「前線の兵隊さん、御苦労さま」という作文を読むことになっていたからだ。

「戦地の人が心配するようなことは書かないように。任地を知らされていないお父さんのことにもふれないように」

と母たちから注意を受けた。兵隊さんへの励ましの言葉、学校では友だちと仲良くしていること、

食物は配給制だがお米の御飯が食べられることなどをまとめ、近所に住んでいた国民学校の担任の先生に見てもらった。先生は、

「たくさんの軍艦を浮べ、飛行機を飛ばし、数知れぬ爆弾の雨を打込む、あの憎い憎いアメリカ兵をいま目のあたりにひきつけて、勇しく戦っておられる硫黄島の皆さま、本当に御苦労様でございます」

と書き足してくれた。この文は何十年経っても美恵子はおぼえていた。

母と姉を聴き手に自宅で朗読の練習を重ねた美恵子は氷雨の降るころ、赤い傘をさし、母に連れられて東京内幸町にあった放送局へいくつか電車を乗換えて行った。スタジオは三方が防音用の壁に囲まれ、機械の並んだ調整室との境は大きなガラスで仕切られた二坪ほどのなにもない部屋だった。机の上に置かれたマイクロフォンの前で美恵子は合図の豆電球がつくのを待った。赤い光がポッとともった。思ったよりすらすらと最初の言葉が口をついて出た。

読み了えて調整室を見ると、ガラス越しに母の笑顔が見えた。緊張がとけて四年生の美恵子はにわかに疲れをおぼえた。帰りの電車の中で母も美恵子も遠い南の孤島にいる父のことを考えていた。

その日、日本放送協会に出頭して「奮戦の勇士への激励の電波」を吹込むことを辞退した人がいた。前硫黄島警備隊司令和智恒蔵である。和智海軍中佐は昭和十九年三月、硫黄島に赴任したが同年十月十五日、突然転任命令を受け翌日内地へ帰還した。サイパン島玉砕を機に硫黄島警備の所轄が木更津

に根拠地を置く第三航空艦隊の所轄に変り、八月に市丸利之助少将と井上左馬二大佐がそれぞれ海軍航空部隊指揮官と海軍部隊指揮官として着任したため、井上が和智の職を引継いだ形となったからである。しかし和智は自分が硫黄島で六期上の井上と確執（かくしつ）を起したことがこの転任の原因でもあろうかと思い不快感を抱いていた。島の小学校を取壊しその不要の木材を和智が陸軍に支給して地下壕の補強にあてさせていたのを井上が咎めるような口調で、「陸軍ばかりでなく、海軍にも支給せよ」と言ったので、和智が「貴様ももっと朗らかに陸軍とつきあって勉強でもする気になったらどうだ」と言い返したのである。それもあって東京で新しい任命を待っている閑な身であったが、和智はこう言った。

「いまから自分が硫黄島に飛んでいって共に戦えというならともかく、犬の遠吠えのごとく、かつての部下に向って『しっかりやれ』と叫ぶことが何の役に立つというのであろうか。海軍の都合とはいえ、部下や戦友を現地に置いて帰国した元指揮官が、内地に身をおいてラジオで呼びかけるなどということが、どうして激励になるというのであろうか」

和智は自分の気持が許さない、といって固辞したのである。依頼した方としては硫黄島へ向けて放送する「内地の便り」に『硫黄島陸海軍の歌』を放送しようと考えていた。それは和智が硫黄島警備隊司令であった時期に自分で作詞し、作曲の心得のある応召兵岩河内正幸に依頼して作曲させ、硫黄島の守備隊に歌わせていた歌であった。

洋中浮ぶ硫黄島、
これぞ不動の大空母、
乗組み護るつはものは、
一致団結陸海軍。

敵船団や舟艇群、
来り侵さん時あらば、
断固波間に迎へ撃ち、
一歩も許さじ上陸を。

和智は硫黄島から譜面を東京の海軍軍楽隊に届けた。軍楽隊が吹きこんだレコード（当時は「音盤」と呼ばれた）はそれで大本営海軍報道部にも保存されている。昭和十九年末、海軍報道部としてはその作詞者ということもあって、内地に帰還した和智大佐に連絡したのにちがいないが、前硫黄島警備隊司令は右のような理由で出演を断わったのである。和智大佐の言い分はもっともと思われた。

この米軍上陸以前からすでに準備されていた日本放送協会の激励放送は、硫黄島に米軍が上陸を開始するや急遽昭和二十年二月二十二日午後四時から一時間番組で放送されることとなった。この「激励の電波」のことは「けふ『硫黄島陸海軍の歌』放送」という題であのころのわずか二面しかなかった『朝日新聞』の当日の第二面中央に大きく掲載されている。しかし実際は夜になってから放送された。それは硫黄島での昼間の激しい戦闘も夜には多少は小康状態になることが大本営でわかったからだろう。この放送がその夜、硫黄島向けには流されても国内放送では流されなかったのは、そうして生じた急な放送時間の予定変更のためだったのではあるまいか。〔私がそのような細かな点にふれるのは、軍の指揮官の留守家庭にはいやがらせがあり得たから国内放送では流さなかった、という小高歌子氏らの推測（日本児童文学者協会『語りつぐ戦争体験5』、草土文化、一九七九年）があるからである。そんな解釈は戦後の傾向的な平和主義者のさかしらというべきであろう。いやがらせがあるくらいなら、市丸利之助が硫黄島の海軍航空部隊指揮官であることを大本営が公表することがあるはずはないではないか。それにいやがらせもなにも、二月二十二日の段階では硫黄島の陸海軍指揮官名はまだ公表されていなかったのである。（なお公表は三月一日十六時の大本営発表。この時、磯子区磯子町間坂一六七〇の市丸家の住所も新聞にきちんと発表されている。）〕

この二月二十二日夜の放送は緒方竹虎情報局総裁がまず敵軍を迎え討つ硫黄島の将兵へ挨拶した。続いて用意された録音盤から東京都大和国民学校児童の感謝の辞が流れた。ついで陸海軍軍楽隊の合同演奏による『硫黄島陸海軍の歌』の旋律が響いた。女子挺身隊員らの決意と感謝の言葉も述べられた。市丸美恵子の放送もその時行なわれたのだと思う。

放送は硫黄島に届いた。

翌二月二十三日、栗林中将はいまだに最高指揮官としての自分の名前を明示しなかったが、知る人にはいかにも栗林と思わせる簡潔な文章で緒方総裁宛てに打電して来たからである。

昨二十二日夜閣下ヨリ特別放送ニヨリ御激励ノ辞ヲ受ケ将兵一同感謝ニ堪ヘズ。本島ノ将兵ハ今ヤ驕敵ヲ邀(むか)ヘ血戦中ナルモ閣下ノ御激励ニヨリイヨ〱感奮興起、決死敢闘、誓ツテ御懇請ニ報インコトヲ期ス。コヽニ謹ミテ御礼申上グ

二月二十三日

硫黄島最高指揮官

この思いもかけぬ返電に接し東京放送局も感動に包まれた。放送局は二月二十五日から毎夜のように硫黄島向けの短い特別番組「内地の便り」を組み、七時四十五分から激励の言葉や歌などを流した。その中には現地一兵卒の作詞になる『硫黄島防備の歌』もはいっていた。

硫黄島でこのラジオ放送を実際耳にすることの出来た将兵は多くない。聞けば懐しさもこみあげてくるが、違和感を覚えた者もいたに相違ない。なにが「前線へ送る夕べ」か、というのが毎夜肉迫攻撃を強要されている将兵たちの緊迫した心理でもあったろう。

市丸美恵子はアメリカ軍が硫黄島に上陸して以来、母や姉と一緒にラジオ放送はとくに注意して聞いていた。「前線へ送る夕べ」はハイケンスのセレナードで始まった。二月二十八日夜は「硫黄島勇士に送る夕べ」として特別番組が編成された。西尾寿造陸軍大将が東京都長官として挨拶し、宮川静枝の朗詠、木村友衛の浪花節「一関夜話」、井上園子のピアノ独奏、それに日本交響楽団の演奏があった。美恵子はその夜こそ自分の作文も放送されるものと思っていたので、自分の声を聞くことができず、一体自分の放送はどうなったのか、と思った。そして硫黄島の父は自分の放送を聞いてくれただろうか、と気になった。三月二日には新聞に硫黄島海軍航空隊指揮官として父の写真も載った。戦局が日々悪化して行くことは戦場が硫黄島の北部へ移行することからも察せられた。

三月二十一日大本営はついにこう発表した。

硫黄島の我部隊は敵上陸以来約一箇月に亘り敢闘を継続し殊に三月十三日頃以降北部落及東山附近の複廓陣地に拠り凄絶なる奮戦を続行中なりしが戦局遂に最後の関頭に直面し「十七日夜半を期し最高指揮官を陣頭に皇国の必勝と安泰とを祈念しつゝ全員壮烈なる総攻撃を敢行す」との打電あり、爾後通信絶ゆ。

そして栗林最高指揮官の最後の無電が翌二十二日の新聞には、次のように掲載された。なお栗林の原文は「陸海空ヨリノ攻撃ニ対シ宛然徒手空拳ヲ以テ」の句があったが大本営発表に際し削除された。

戦局遂ニ最後ノ関頭ニ直面セリ。……敵来攻以来想像ニ餘ル物量的優勢ヲ以テ陸海空ヨリスル敵ノ攻撃ニ対シ克ク(よ)健闘ヲ続ケタルハ小職ノ聊カ(いささ)自ラ悦ビトスル所ニシテ部下将兵ノ勇戦ハ真ニ鬼神ヲモ哭カシムルモノアリ。

然レドモ執拗ナル敵ノ猛攻ニ将兵相次イデ斃レ(たふ)為ニ御期待ニ反シ、コノ要地ヲ敵手ニ委ヌルノヤムナキニ至レルハ誠ニ恐懼ニ堪ヘズ、幾重ニモ御詫申上グ。

特ニ本島ヲ奪還セザル限リ皇土永遠ニ安カラザルヲ思ヒ、タトヒ魂魄トナルモ誓ツテ皇軍ノ捲土重来ノ魁(さきがけ)タランコトヲ期ス。今ヤ弾丸尽キ水涸レ戦ヒ残レル者全員イヨ〱最後ノ敢闘ヲ行ハントスルニ方リ(あた)熟々(つらつら)皇恩ノ忝(かたじけな)サヲ思ヒ粉骨砕身亦(また)悔ユル所ニアラズ。

茲(ここ)ニ将兵一同ト共ニ謹ンデ聖寿ノ万歳ヲ奉唱シツツ永(とこし)ヘニ御別レ申上グ。

そして次の三首の辞世を添えた。

国の為重きつとめを果し得で矢弾(やだま)尽き果て散るぞ口惜し

仇(あだ)討たで野辺には朽ちじわれは又七度生れて矛(ほこ)を執(と)らむぞ

栗林の原文には「玉斧ヲ乞フ」とあり、それに応じての添削というべきだろうか、戦闘精神の見地からの改変というべきだろうか、第一首の結びの原歌の「散るぞ悲しき」は「散るぞ口惜し」に大本営発表の際、改められた。

『朝日新聞』は「硫黄島遂に敵手へ」と見出しをつけた。東京の大本営は三月十八日朝、父島にいた堀江少佐に、栗林中将に大将昇進を伝達せよ、と打電してきた。しかし硫黄島との連絡は取れなかった。硫黄島には大本営と直接連絡できる高性能の無電機が陸軍に一機、海軍に一機、そのほか普通の無電機あわせて計五十三機があったが、三月十七日夜半の最後の突撃を前に自分の手で破壊したか、破壊されたものと思われた。あるいは無電機は残っていようとも、通信兵は死んだものと思われた。十九日も二十日も二十一日も二十二日も硫黄島からの電信ははいらなかった。それが三月二十三日、父島の通信所に流れるように電報がはいって来た。それは敵はスピーカーで降伏を勧告しているが我が将兵はこの小策を一笑に付している、この五日間飲まず食わず兵団長以下敢闘中である、という趣旨であった。硫黄島はまだ生きている。父島の日本軍将校は涙を流しながらこの電文を読んだ。正午過ぎ電信はふたたび沈黙した。そして日没近くに無線機が再度カチカチと音を立てた。

「父島ノ皆サン、サヨウナラ」

生文(なまぶん)の電報がはいった。そうして通信は途絶えた。

前線へ届いた声

死後中将に昇進した市丸利之助の葬儀が行なわれた時、遺族は美恵子の放送は硫黄島向けには行なわれた、ということを聞かされた。十歳の美恵子は硫黄島の父は私の放送を聞いてくれただろうか、多分聞いてくれただろうとは思いながらも、もしかしたら、という不安も心の奥に秘めていた。

敗戦後は「前線へ送る夕べ」で放送したなどということは口外すべきことではなくなってしまった。運命は市丸家に辛く当った。長男が敗戦後、栄養不足の寄宿生活での無理が祟ったのだろう、千葉医大を卒業する一ヵ月前に二十二歳で病没してしまったのである。かねて覚悟していた父利之助の戦死よりもそれははるかに深いショックであった。昭和二十年にはおかっぱの国民学校四年生だった美恵子は、昭和五十一年、硫黄島墓参団の一人として父の最期の地を訪れた。その種の慰霊の旅を組織してくれるのは硫黄島協会の会長の和智恒蔵である。いまの硫黄島には島民はいない。自衛隊の基地があるだけである。美恵子は隊員の一人に東京のラジオ放送ははいるかとたずねた。

「駄目ですね。雑音や混信で……　テレビも望みなしです」

いまでもそうなら三十年前のラジオの綴り方は父には聞えなかったろう、わたしの夢は終った、と思った。そしてそのことを文章にして硫黄島協会の会報八号に載せた。

すると思いもかけず「あなたの放送を聞いた」という手紙が市丸美恵子のもとに届いた。美恵子はそれが自分を喜ばせるための作り話ではないか、とさえ思った。聞いたのは海軍司令部の暗号主任下士官松本巌であった。司令部の電信の篠原一等兵曹と木村一等兵曹が地上で破壊された零式戦闘機からはずした無電装置を組み換えてラジオを作ったのだという。そして壕の中で通信部員は内地からの放送を聞いた。木村一等兵曹に呼ばれて松本上等兵曹がレシーバーを片方の耳にあてると、

「兵隊さん、ほんとうに御苦労様でございます」

と少女の声がした。

「司令官のお嬢さんではないか」

というので松本は通りがかった村上通信参謀にその旨を告げ、参謀に続いて作戦室にはいった。市丸司令官は机の側で椅子に坐っていた。

「司令官、いまから十分前、ラジオで『硫黄島の将兵に送る夕べ』があり、司令官のお嬢さんが綴り方を読まれました」

市丸司令官は「そうか」とにっこりした。それが松本上等兵曹が見た司令官の笑顔の最後であった。

美恵子のもとには硫黄島のいま一人の生存者である飛川義明海軍兵曹長からも手紙が届いた。飛川

は井上左馬二海軍大佐が率いる南方諸島航空隊に属していた。砲弾の飛び交う中を匍って本部の地下壕にたどりついた直後、その放送は雑音の中から聞えた。地下壕はかなり広く、奥の医務室では負傷兵たちが横になっていた。アナウンサーが「次は横浜市浜国民学校四年生市丸美恵子さんです」と紹介した時、飛川は「市丸司令官のお嬢さんかなあ」と思ったという。

二月二十二日の特別放送が硫黄島で聞えたことは確実なのである。アメリカ軍はその東京放送に現地日本軍に対する暗号指令が含まれているのではないかと警戒した。

私はこの市丸美恵子さんの思い出にひときわ心動かされる。かくいう私は昭和十七年二月十五日、シンガポールが陥落するや日本の少国民を代表して日本陸軍への感謝の放送をした。二月十八日大東亜戦争戦捷第一次祝賀国民大会の当日、やはり国民学校四年生だった私の声はラジオに流された。しかし当時の日本軍は破竹の勢いだった。私は父親が軍人であったわけでもない。玉砕が迫っていたわけでもない。そんな平川家は戦後は平和な日本で気楽に生活した。実を言えば戦後長い間は日本の首都の小学生の代表として放送したことなど記憶の奥にかすんでいた。それが戦後三十年、母が亡くなり遺品を整理した時、私の小学校の入学通知や通信簿とともに日本放送協会で放送している私の写真が出て来たのである。母は我が子がシンガポール陥落を祝して放送したことを誇りに思っていたのだ。そしてその日本人として誇らかに思ったことはきわめて自然ですなおな気持だったのだ。――私はそんな運命の違いを思いつつ、硫黄島に向けてラジオ放送をしてそれから一ヵ月、父の死を覚悟して日々ラジオの戦況報道に聞きいった軍人一家の心中を思わずにはいられなかったのである。

ハワイ出身の三上弘文兵曹

ここで話題をふたたび内地から戦地へ戻させていただく。話題はやはり通信で、関係者はここでも和智大佐である。

硫黄島向けの激励放送を断わった和智恒蔵は明治三十三年（一九〇〇年）生れ、日本海軍の情報畑で働いた異色の人であった。海軍から東京外国語学校へ委託学生として派遣されスペイン語を学んだが、英語も流暢だった。上海事変後の一九三四年には上海の特務機関に勤務した。日米開戦の際はメキシコ駐在の日本公使館付海軍武官補佐官として情報収集に従事していた。そこの無線室で外電を傍受しながら米国大西洋艦隊の動静などを探ったが、一九四一年十二月七日日曜日には、ハワイのアメリカ機雷部隊指揮官W・R・ファーロング少将が「パールハーバー上空に機体見ゆ。練習に非ず」と打電したのを直接このメキシコの傍受装置によってキャッチしたという。和智は外国人とのつきあい方が日本人ばなれして巧妙だった。敗戦後メキシコ勤務当時のスパイ活動についてアメリカ占領軍から訊問を受けた時、

「その朝は開戦を知らず、闘牛場に出かけて観覧中にラジオのニュースではじめて知った」と一九四一年十二月七日の模様を脚色して答えた様がワシントン国立公文書館のファイルにいまでも記録保管されている由である。

その和智大佐が日本の敗戦直後から硫黄島に残してきた自分の部下たちのことをいかに気にかけていたかについては佐伯彰一氏の証言がある。（『正論』、一九九三年五月号）。東大英文科出身の佐伯海軍中尉は昭和二十年九月、桜島の特攻隊基地をアメリカ軍に引渡す際、日本側の実務指揮者の和智大佐から連絡将校として通訳を命ぜられた。和智は「おまえさんのキャリアは何だ」と佐伯氏が大学英文科出身であることをまず確かめ、米軍側とのやりとりを氏に通訳させた後で「おまえはあそこのところを間違えた」などと指摘した。その和智は硫黄島で亡くなった日本将兵の慰霊についてマッカーサー司令部に嘆願書を出したい、ついては佐伯中尉に英文で書いてもらいたい、と依頼した。佐伯氏は自分が書けばまたこの「何だか軍人らしからぬ人」から英文についてあれこれ文句がつくだろうと書きしぶっていると、和智がある日、

「おまえが書かないから、俺が書いた。見てくれ」

と英文を佐伯氏に示した。その英文はいかにも達意な言いまわしで、「自分が置いてきた部下たちが硫黄島で死んだ。その遺骨を放置することは良心が許さない。自分は彼らのもとへ行って遺骨をテイク・ケアするモラル・オブリゲーションがある……」云々と書いてある。若い佐伯中尉はその英文

の巧みさに舌をまいた。そしてやはり東大英文科出身のいま一人の連絡将校にも見せた。それは上手なはずで、和智大佐がアメリカ人将校に頼んで書いてもらったのであった。笑ってそんな手の内を明かした和智はいかにも練達な情報収集の武官であった。和智は外国人や語学堪能な人々を上手に使いこなす術を心得ていたのである。

その和智は日米開戦の翌昭和十七年夏、アメリカから交換船で帰国した。そして創設された東京海軍無線通信隊大和田傍受所の所長に任命された。この埼玉県朝霞の大和田通信隊の目的やそこでの訓練は敵信捕捉という電信傍受作業であった。特信班の任務は、敵の信号をしらみつぶしにキャッチして、その流れを分析するコミュニケーション・アナリシスの充実におかれていた。発信者、捕信者、通報先といった米軍のコールサインはほとんど捕捉されており、それをもとに一定期間後の敵の作戦の方向、規模、性格を予測することも不可能ではなくなっていた。現に日本側は昭和二十年二月五日、米軍の中部太平洋方面での航空機呼出し符号が全面改変されたことに気づき、「二月下旬、小笠原群島方面来攻ノ算大ナリ」との敵情判断を下し、日本の海軍軍令部は二月十二日に「十五日ゴロ南方諸島」に敵来襲の可能性あり、と警告した。ちなみにアメリカ軍の沖縄来襲についても鹿屋通信隊が情報収集の主体となり、米軍進攻の時期をこの場合もまたほぼ的確に予知していた。

ところで第二次大戦中、アメリカ側が日系二世部隊を使用したことはよく知られている。しかし日本側でも活用したのである。在日二世を通信関係で働かせようという着想そのものもあるいは機略に富む和智所長から出たアイデアなのかもしれなかった。

　これから話題となる三上弘文の場合、両親は日本からハワイへ移民した人であった。三上自身はハワイで生れ、小学校はホノルルで了えた。しかし中学校は途中から父の出身地であった広島へ一旦帰国して通った。その間両親はずっとハワイに住んでおり、本人も中学卒業後ハワイへ帰りたかったのだろうが、戦争が勃発してしまったのである。そして帰ることも出来なくなり、日本に留っている間に「或る組織」——と三上は後に松本巌に言った——から呼び出しを受け、日本人として日本海軍に籍を置くこととなったのだが、その「或る組織」こそ海軍中佐和智恒蔵を所長とする東京海軍無線通信隊大和田傍受所なのであった。ちなみに吉田満著『祖国と敵国の間』に描かれたカリフォルニア生れの日系二世の太田孝一も同じような境遇下で日本海軍に召集され、同じく大和田通信隊で英語の特殊技能を生かすために暗号士としての速成教育を叩きこまれた一人である。太田は第二艦隊司令部通信士として戦艦大和に乗組み、二十四歳で戦死する。特信班の二世たちの中にはそのように第一線部隊に配属され、平文で送られる緊急電話電信を傍受してアメリカ側の作戦意図を割り出すことを命ぜられた者もいた。中には平文の偽信を送ってアメリカ側を混乱させることに成功する者も出た。敵方同士の通話の間に、彼等の愛用しそうな隠語をあやつりながら「攻撃中止、命令アルマデ避退セヨ」とか「砲撃目標ヲ○○度ニ変更」といった指令をアメリカ訛りで挿むのである。

　そんな要員を養成する大和田通信隊の所長だった和智は英語のよく出来る三上弘文に目をかけたの

に相違ない。昭和十九年三月、硫黄島警備隊司令を拝命するや、和智はこの三上を含め三人の二世兵士をも硫黄島に連れて行くこととした。

ハワイ育ちの三上弘文兵曹が日本海軍の中でいじめられ苦しんだことは間違いないだろう。三上はアメリカ生れのミカミとして、満二十歳になった時、アメリカ国籍を選ぶことも出来た青年なのである。自分は一体なにものなのか。自分はどこに行くのか。自分はなんのために戦い、なんのために死ぬのか。だが硫黄島警備隊司令が三上の特殊技能を理解し利用してくれる和智であった間は働き甲斐もあった。しかし戦局が悪化し、しかも和智司令が突然の転勤で内地へ去った時、三上は非常な不安に包まれたことであろう。まず両親が敵国ハワイに住んでいるということをまわりの者が知っている。その三上は日本語よりも英語が達者で、日本語は時々間違える。そんなむしろアメリカ人であるような日本人でありながら、司令部付の通信下士官として日本海軍の暗号機密も熟知している。硫黄島の日本海軍司令部の中にはこの三上兵曹がもしアメリカ軍に投降するとか、生きたまま捕虜になったら一大事だ、と考えていた者も必ずやいたに相違ない。アメリカ軍が二月十九日に上陸して以来、三上兵曹はアメリカ軍同士の無電会話を傍受しそれがたいへん役に立った、と松本巌は証言している。が、それと同時に戦闘が激化してくるに従い三上兵曹にはたいへん悩みがあり、周囲も三上兵曹を直接アメリカ軍と対峙する戦闘場面に立たせないよう注意していた、とも述べている。その三上兵曹の難しい立場のことはしかし前の和智司令だけでなく、市丸司令官もまたよく承知していたのであった。

A Note to Roosevelt

アメリカ側の一記者は硫黄島の戦闘を次のように総括している。

日本軍が硫黄島の防禦で功を奏したのは次の措置ゆえであった。すなわち彼らは硫黄島の地下深くに洞窟陣地をはなはだたくみに構築したので、彼らはアメリカ軍の優勢な火力をほとんど無力化し得たのである。わが軍は一日間に、一〇五ミリ砲と一五五ミリ砲を二五、〇〇〇発も発射した。そして硫黄島に対しておよそ四万トンの強力爆薬を投入した。ところがわがアメリカ軍のものすごい砲爆弾の弾幕がとりのぞかれて、いよいよ歩兵部隊が前進するや、日本軍はふたたびその守備位置にもどってわが軍を目がけてその機関銃と迫撃砲をさかんに発射してくるありさまであった。……わが軍は優勢な兵力にもかかわらず、その進撃があまりに遅く、しかもその犠牲があまりに大きいことを認めざるを得なかった。……要するに日本軍は、彼らにとって有利な条件の下でアメリカ軍を闘わせたのである。……わが軍は日本軍に対して米軍が蒙った死傷者とほぼ同数の死傷者を出させることができた。ただし日本軍の死傷者というのはほとんど全部が戦死者ばかりであったが。

日本側がどんな勲章を授けたか知らないが、最高の勲章は硫黄島の日本軍守備隊最高指揮官栗林忠道中将に授けられてしかるべきものであったろう。しかし栗林の遺体はついに発見されなかった。栗林中将は太平洋戦争中、身の毛もよだつ最も地獄に近い、堅固な防御陣地を築き、五、五一七名のアメリカ兵を殺戮し、一三、六九七名のアメリカ兵を傷つけたのである。

「日本軍は地面の利用をよく心得ているよ」と、硫黄島攻略戦の総指揮官たるターナー海軍中将は述べた。

これはロバート・シャーロッドの『硫黄島』の一節である。栗林忠道はアメリカ軍によって敵将として憎悪されるより稀代の智将として感嘆されたことが、この硫黄島上陸作戦に参加したベテラン記者の文章からも察せられる。シャーロッドはアッツ島、タラワ島、サイパン、硫黄島、沖縄の各上陸作戦に従軍した記者である。サイパン、テニアン、グアム島では米軍の勝利はほとんど一方的であった。日本軍の戦死者数は米軍の戦死者の十倍、死傷者の合計でも日本側の損害は米軍側の損害の二倍であった。それが硫黄島では日本軍の戦死者数こそ米軍の戦死者数の四倍に上ったが、死傷者の合計では日本側の損害よりも米軍側の数の方が上まわったからである。

市丸もこの栗林中将の戦闘指導に必ずや敬意を表していたにちがいない。「硫黄島ノ戦闘ノ特色ハ敵軍ハ地上ニ在リ、我軍ハ地下ニ在リ」という硫黄島の日本海軍司令部が東京の大本営に送った報告は、栗林戦術を評価する言葉だろう。ちなみに硫黄島戦闘の最終段階で打電されたこの報告の電案文は陸軍師団司令部の中根参謀が海軍司令部に持参したものであったという。その電案文をそのまま打電したということはとりもなおさず市丸が栗林戦術をそのまま肯定した、ということだろう。

指揮すべき飛行機のない市丸第二七航空戦隊司令官は、戦闘そのものに関する任務は少なくなったにちがいない。それはアメリカ軍の上陸前はもとより上陸後もそうだったろう。市丸はそれだけに日々の任務とは別のこともいろいろ考えていたのではあるまいか。『冬柏』昭和二十年二月号に載った市丸の最後の歌の一つにこんな作がある。

朝夕の十有餘日ますらをの道を陣地に巡り説くかな

市丸の下には六千名近い海軍の将兵がいた。敵軍の上陸を前に市丸司令官は海軍の兵士や軍属がきちんと壕を掘ったか地下の陣地を巡視した。その際、各部隊の将兵に向って市丸が説いたのはもはや軍事上の教訓や戦術上の注意ではなかった。市丸が昭和二十年初頭という敵上陸必至の局面で司令官として意を用いたことは、いかにして将兵の融和を保ち、いかにして将兵をして生死の関頭を越えさせるか、ということであった。益荒男の道とは、この戦闘で死ぬことの意味を自他ともに納得させることにあったのだと思う。それで市丸は日本が大東亜戦争を戦うことの意味をあらためて自問自答した。日本の正義とは何かについて考えた。玉砕をひそかに覚悟した市丸司令官は、そうした日本の大義を考え、それを述べ、それに殉ずる心構えを説いていたにちがいない。それは日ごろからよく考えぬいた主張であったから、市丸の頭の中ではすでにおのずと文章になっていた。二月十六日、アメリカ空軍の爆撃と艦砲射撃が始まり、三日間それに反撃も出来ず硫黄島の地下二十メートルの壕内で敵の上陸をじっと待っていた時、市丸はその主張をルーズベルト大統領に一書を致すという形で書き出した。

アメリカ軍が硫黄島の東南の海岸に上陸してから一週間過ぎた一夜、北地区の海軍司令部の地下壕で松本巌上等兵曹と三上弘文二等兵曹は村上通信参謀の指示で壕内奥深いところにある市丸司令官の室に出頭した。壕内は気温が摂氏四十五度から五十度、硫黄噴気が充満している。司令官は蠟燭の淡い明りの下で筆で文章を書いていた。首に部厚いタオルを巻いていたのは流れ出る汗をとめるためだろう。松本はその文書を楷書で二通浄書するよう命ぜられた。三上は、間瀬参謀、岡崎参謀に助言して英文に訳すようにと命ぜられた。「助言して英文に訳すように」とは海軍内の序列を重んじてそう言ったまでで、実際は三上がひとりで英文に訳したのである。そして日本語の意味について三上は司令官や参謀に質（ただ）した。その日本語原文が冒頭に掲げた『ルーズベルトニ与フル書』である。

市丸司令官と三上兵曹との関係は次のようであったと私は想像する。市丸は第二七航空戦隊司令部の地下壕にいる八十名近くの将兵は顔も名もよくわかっていた。三上弘文が日本人二世として苦しい立場にいることも承知していた。三上はかつてハワイにいたころ白人たちに差別された不快な体験があるから、アングロ・サクソン系の白人が我が物顔に振舞うことに対して、一面ではそれは当り前だと思うとともに、他面では不公平だという反撥心を抱いていた。両親はハワイに住み、仕事もうまく行き、アメリカ市民権を獲得したいと願っていたが、日本生れということで帰化はかなわなかった。そうした人種による偏見や差別に対する憤懣は少年のころの三上にもあった。しかし三上は頭がいい子であったからハワイの小学校で成績は優秀だった。両親の恥しいほど下手な英語に比べると、三上の英語は抜群の出来映えで、普通のアメリカ人の少年よりも作文の成績はずっと上だった。当然アメリカ人の子供らしく振舞った。父親はそんな風にすっかりアメリカ化して育った弘文に日本人らしさが薄れることをおそれて、中学生の時自分の生れ故郷の広島へ息子を送った。日本人としての教育も授けようと思ったのである。だがその親心が裏目に出た。弘文が中学を卒業する前に日米戦争が勃発してしまったのである。弘文は日本海軍のハワイ真珠湾奇襲に驚いた。周囲の日本人はアメリカ太平洋艦隊の潰滅に躍りあがって喜んだが、弘文はハワイにいる両親のことが心配でたまらない。ハワイに戻る機会を失した弘文はアメリカ人に戻ることもできなくなってしまった。弘文は生れながらの二重国籍者であったが、日本で徴兵令の網にかかって一方的に日本人とされてしまったのである。そのころの弘文は自分のホノルル時代のクラスメートがアメリカ軍に徴兵されていたことを聞き知っていた。そのアメリカ軍兵士となった級友の中には白人の友だちだけでなく自分と親しかった日系二世も混じっていた。

そんな背景で育った三上であってみれば、日本海軍の一員だと言われても違和感が生ずるのは避けられない。日本では毛色の違う者はとかくいじめられる。育ちの違いが言葉や振舞いの上であらわれると三上は怒鳴られ、殴られた。「お前には大和魂はないのか」

市丸司令官は、そんな立場の三上兵曹にもよくわかるように、ふだんから日本側の正義を理路整然と説いてくれた。司令官から米大統領への手紙を英語に訳すよう言いつかった時には、与えられた使命に興奮を禁じ得なかった。司令官は自分にこの仕事を授けてくれるために『ルーズベルトニ与フル書』を書いたのだ、という気さえした。アメリカ軍はそのころまでに摺鉢山を含む硫黄島の南半分は制圧していた。北地区の地下二十メートルの壕の中で蠟燭の光をたよりに三上兵曹は市丸司令官の手紙を英語に移していった。博文館の『辭苑』を参照し、研究社の『新和英大辭典』を引いたが意味不明の日本語もあった。参謀たちに聞いてもわからない。三上はもっぱら直接市丸司令官にその意を問うた。市丸が逆に三上の意見を徴することもあった。三上がその職業柄、アメリカ軍の放送内容に通じ、アメリカ側の「正義」の主張を解説することが出来たからである。

三上はそうした市丸の信頼に応えるべく、この司令官の遺書ともいうべき手紙を英語に訳していった。そして三上には市丸の言い分に共感する節が多々あったのだと思う。三上は彼の生涯の力を傾けてこの手紙を訳した。生涯の力を傾け尽したといっても過言ではない。三上はその直後の三月十八日、六〇キロ発電所壕入口で戦死してしまうからである。

市丸少将の『ルーズベルトニ与フル書』がアメリカ側で話題となった理由はさまざまあるが、その大事な一つにこの英語訳文にはある心熱がこめられていたことがあげられる。もとより誤りも数々あるが、この英語文章の力に引かれて私も市丸に注目し始めたのである。三上弘文兵曹が英訳した文章も全文掲げたい。

A Note to Roosevelt

Rear Admiral R. Ichimaru of the Japanese Navy sends this note to Roosevelt. I have one word to give you upon the termination of this battle.

Approximately a century has elapsed since Nippon, after Commodore Perry's entry to Shimoda, became widely affiliated with the countries of the world. During this period of intercourse Nippon has met with many national crises as well as the undesired Sino-Japanese War, Russo-Japanese War, the World War, the Manchurian Incident, and the China Incident. Nippon is now, unfortunately, in a state of open conflict with your country. Judging Nippon from just this side of the screen you may slander our nation as a yellow peril, or a blood thirsty nation or maybe a protoplasm of military clique.

Though you may use the surprise attack on Pearl Harbour as your primary material for propaganda, I believe you, of all persons, know best that you left Nippon no other method in order to save herself from self-destruction.

His Imperial Highness, as clearly shown in the "Rescript of the Founder of the Empire" "Yosei" (Justice), "Chōki" (Sagacity) and "Sekkei" (Benevolence), contained in the above three fold doctrine, rules in the realization of "Hakko-ichiu" (the universe under His Sacred Rule) in His Gracious mind.

The realization of which means the habitation of their respective fatherlands under their own customs and traditions, thus insuring the everlasting peace of the world.

Emperor Meiji's "The four seas of the world that are united in brotherhood will know no high waves nor wind" (composed during the Russo-Japanese War) won the appraisal of your uncle, Theodore Roosevelt as you yourself know.

We, the Nippon-jin, though may follow all lines of trade, it is through our each walk of life that we support the Imperial doctrine. We, the soldiers of the Imperial Fighting Force take up arms to further the above stated "doctrine".

Though we, at the time, are externally taken by your air raids and shelling backed by your material superiority, spiritually we are burning with delight and enjoying the peace of mind.

This peacefulness of mind, the common universal stigma of the Nippon-jin, burning with fervour in the upholding of the Imperial Doctrine may be impossible for you and Churchill to understand.
I hereupon pitying your spiritual feebleness pen a word or two.

Judging from your actions, white races especially you Anglo-Saxons at the sacrifice of the coloured races are monopolizing the fruits of the world.

In order to attain this end, countless machinations were used to cajole the yellow races, and to finally deprive them of any strength. Nippon in retaliation to your imperialism tried to free the oriental nations from your punitive bonds, only to be faced by your dogged opposition. You now consider your once friendly Nippon an harmful existence to your luscious plan, a bunch of barbarians that must be exterminated. The completion of this Greater East Asia War will bring about the birth of the East Asia Co-Prosperity Area, this in turn will in the near future result in the everlasting peace of the world, if, of course, is not hampered upon by your unending imperialism.

Why is it that you, an already flourishing nation, nip in bud the movement for the freedom of the suppressed nations of the East. It is no other than to return to the East that which belongs to the East.

It is beyond our contemplation when we try to understand your stinted narrowness. The existence of the East Asia Co-Prosperity sphere does not in anyway encroach upon your safety as a nation, on the contrary, will sit as a pillar of world peace ensuring the happiness of the world. His Imperial Majesty's true aim is no other than the attainment of this everlasting peace.

Studying the condition of the never ending racial struggle resulting from mutual misunderstanding of the European countries, it is not difficult to feel the need of the everlasting universal peace.

Present Hitler's crusade of "His Fatherland" is brought about by no other than the stupidity of holding only Germany, the loser of the World War, solely responsible for the 1914–1918 calamity and the deprivation of Germany's re-establishment.

It is beyond my imagination of how you can slander Hitler's program and at the same time cooperate with Stalin' s "Soviet Russia" which has as its principle aim the "socializaition" of the World at large.

If only the brute force decides the ruler of the world, fighting will everlastingly be repeated, and never will the world know peace nor happiness.

Upon the attainment of your barbaric world monopoly never forget to retain in your mind the failure of your predecessor President Wilson at his heights.

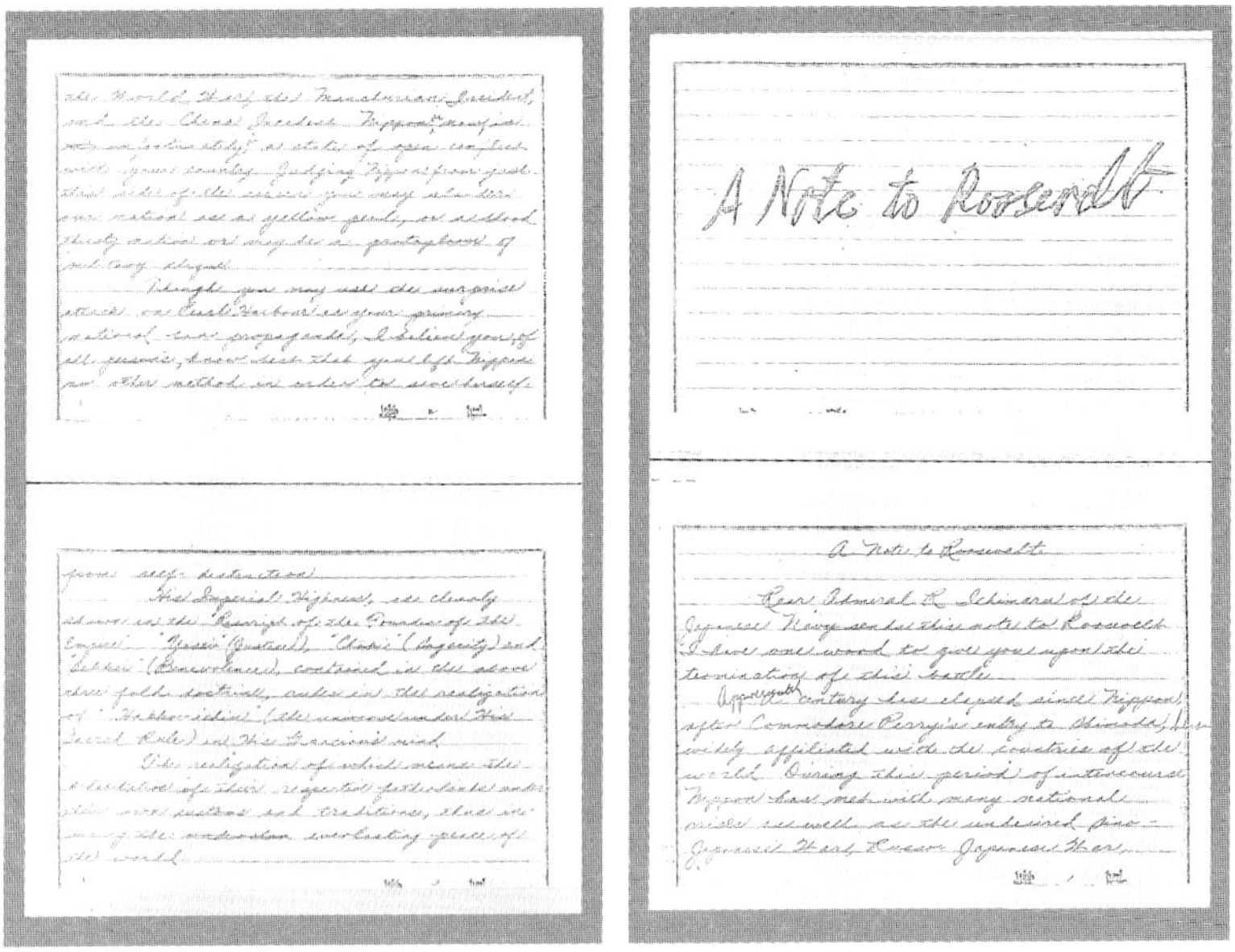

A Note to Roosevelt

A Note to Roosevelt

Rear Admiral R. Ichimaru of the Japanese Navy sends this note to Roosevelt. I have one word to give you upon the termination of this battle.

Approximately a century has elapsed since Nippon, after Commodore Perry's entry to Shimoda, became widely affiliated with the countries of the world. During this period of intercourse Nippon has met with many national crises as well as the undesired Sino-Japanese War, Russo-Japanese War, the World War, the Manchurian Incident, and the China Incident. Nippon is, unfortunately, in a state of open conflict with your country. Judging Nippon from your side of the ocean you may slander our nation as a yellow peril, or a blood thirsty nation or maybe a protoplasm of military clique.

Though you may use the surprise attack on Pearl Harbor as your primary material for propaganda, I believe you, of all persons, know best that you left Nippon no other method in order to save herself from self-destruction.

His Imperial Highness, as clearly shown in the Rescript of the Founder of the Empire "Yosei" (Justice), "Choki" (Sagacity) and "Sekkei" (Benevolence), contained in the above three fold doctrine, rules in the realization of "Hakko-ichiu" (the universe under His Sacred Rule) in His Gracious mind.

The realization of which means the habitation of their respective fatherlands under their own customs and traditions, thus insuring the everlasting peace of the world.

A Note to Roosevelt

平和の海と戦いの海

一九四五年四月四日、クロージャー記者が硫黄島から米本土向け無電で市丸少将の手紙を打電した時、この従軍記者は英文全文を伝えたが、合間合間に記者のコメントを混じえた。それはてんから市丸少将を小馬鹿にしたものだった。お前こそパール・ハーバー不意打ちという近代史上最大の背信行為（トレチャリー）を画策した日本海軍の首脳陣の一人じゃないか。そのパール・ハーバーを奇襲しておいていまさら何を言うか、というのがこのアメリカ軍従軍記者の言い分である。「八紘一宇」の説明についてはmumbo-jumbo（ちんぷんかんぷん）と片付けて、どうせ日本天皇による慈悲深い世界支配の主張だろう、と皮肉った。そして死ぬ数時間前になってもまだ日本のインチキ外交のこんな決り文句を鸚鵡みたいに繰り返すことしか出来ないのか、と罵倒した。

いまでもアメリカには話題が原子爆弾に及ぶと、日本が先にパール・ハーバーを奇襲したから悪いんだ、広島や長崎に原子爆弾を落されたのは自業自得だ、と言いつのる人が多い。クロージャー記者のコメントもそれと大同小異という気がする。夥しい米軍の死傷者を硫黄島で目撃したクロージャー記者は、市丸少将の手紙を冷静な気持で読むことは出来なかった。だが同じ手紙でも死闘を繰返した直後と、三ヵ月後、四半世紀後、半世紀後ではアメリカ人一般読者に与える印象もよほど異なるようである。それは日本人についても同じだろう。私は一九七〇年に出たトーランドの『昇る太陽』に引かれた市丸の英文の手紙を読み、武士道の名残りを感じた。

市丸は冷静である。

市丸はこの期に及んでアメリカやアメリカ大統領を罵倒するような真似はしない。

市丸はあくまでアメリカ人の理性に訴えようとする。死を前にして書いたこの手紙には心のゆとりが感じられる。「日本海軍市丸海軍少将書ヲフランクリン　ルーズベルト君ニ致ス。我今我ガ戦ヒヲ終ルニ当リ一言貴下ニ告グル所アラントス」。この「君」をつけて敵国大統領に儀礼ある態度で話しかけるところがよい。(この「君」は同輩に対する敬語であり、日本の国会内で議長以下が議員を「君」づけで呼ぶのと同じである)。市丸の「君」をつけた日本語原文の方が三上兵曹の「君」をとってしまった英訳文よりジャコビー少年の"Dear Mr. President"という呼びかけに近いような気がする。その呼びかけの直後に、自分の手紙が米軍に発見される時点を想定して「今我ガ戦ヒヲ終ルニ当リ」と書いている率直さにも私はある種の驚きをおぼえる。市丸は最後の最後まで生き抜いて戦おうとする姿勢を崩さなかった司令官だが、米軍側の従軍記者はこの一節から受けた印象だろうが、市丸はこの手紙を書き了えるや自決した、と報じた。

市丸はこの一文で日米関係を歴史的に展望して「不幸貴国ト干戈ヲ交フルニ至レリ」と総括しているが、それはこの日本の海軍軍人のあくまで国際間の平和を良しとする基本的態度を表明している。三上兵曹はアメリカ側の日本非難の宣伝文句をよく心得ていたからだろうか、市丸の原文「之ヲ以テ日本ヲ目スルニ或ハ好戦国民ヲ以テシ或ハ黄禍ヲ以テ讒誣シ或ハ以テ軍閥ノ専断トナス。思ハザルノ甚キモノト言ハザルベカラズ」を「日本ヲヒトヘニコノ面ヨリ判断センカ、貴下ハ或ハ我国ヲ黄禍ト讒誣シ或ハ血ニ餓ヱタル国民、サラニハ軍閥ノ原形質ト中傷スルコトモアラン」という風に訳した。a blood-thirsty nation とか a protoplasm of military clique といった強烈な表現は、日本国内で英語教育を受けた人にはこの場合思いもつかぬ訳語だろう。ハワイで育った三上は、アメリカ側の日本非難の決り文句も承知していたが、しかしアメリカにおける白人支配に反感を抱いていたから、この世界には「白禍」はあるが「黄禍」はない、少なくとも「黄禍」は「白禍」ほどは大きくない、と思っていたに相違ない。また広島の親類たちとつきあった限りでは日本人が「血ニ餓ヱタル国民」とは思われなかった。しかし日本に「軍閥ノ専断」がなかった、とまでは三上は思わなかったにちがいない。三上は市丸の原文にある「思ハザルノ甚キモノト言ハザルベカラズ」を略して訳さなかった。

フランクリン・ルーズベルト大統領は一九四五年四月十二日に死去した。四月四日に硫黄島から打電したクロージャー記者の電報が、もしアメリカ海軍当局の検閲にひっかからずに四月四日か五日のアメリカの新聞に載ったなら、ルーズベルトも市丸の手紙に必ずや目を通したにちがいないが、その時ルーズベルトがふんと鼻を鳴らしたであろう条りは次の一節だろう。

貴下ハ真珠湾ノ不意打ヲ以テ対日戦争唯一宣伝資料トナスト雖モ日本ヲシテ其ノ自滅ヨリ免ルヽタメ此ノ挙ニ出ヅル外ナキ窮境ニ迄追ヒ詰メタル諸種ノ情勢ハ貴下ノ最モヨク熟知シアル所ト思考ス

この一節を読んで私は驚いた。市丸がルーズベルトの政治指導の実態を意外に正確に理解していたからである。一連の和歌を読む限り市丸が国際政治に留意していた人という印象は浮ばない。そもそも市丸は海軍部内でもエリート・コースを進んだ人ではない。飛行士官となって十年目、墜落重傷してからというもの、海軍大学への進学や在外勤務の望みは失せた。ところがそんな米国通ではあり得るはずのない市丸が、一九四一年秋におけるルーズベルトの高等政策が、東條内閣を外交的に窮地に追いつめ、日本軍に先に手を出させ、それを機に燃えあがるであろう米国内の反日世論を背景にアメリカを第二次世界大戦に参戦させることにあったのを、見通しているのである。

もっともルーズベルトはそうした点をジャップに指摘されたとしても悪びれなかっただろう。ルーズベルトにとって軍国主義日本とはいつかは徹底的に叩きのめさねばならぬ国だったからである。実際、一九四一年十一月二十六日、ハル国務長官が日本側に渡したハル・ノートは日本をして自存のためにも米国攻撃の「挙ニ出ヅル外ナキ窮境ニ迄追ヒ詰メタ」ものだった。ハル・ノートは日本に満洲国と汪兆銘政府の否認、中国や仏印からの即時全面的無条件撤兵、三国同盟の廃棄を要求していた。

ハル国務長官の要求は世界の外交史上でも稀に見る挑発的なものであった。

だがそんな高圧的な要求を突きつけた米国首脳にも言い分はあった。過去数年来の日本は自国の軍部の下克上(げこくじょう)や膨張主義や冒険主義を抑えることができない。日本政府は軍部を統御できない。しかもそんな軍部に対して日本の大新聞は批判するどころかなんと感謝の意を表している。そんな日本をこのまま放置するわけにはいかない。アメリカ世論に火を点けるためにもルーズベルトは機会を待っていた。日本にまず手を出させることこそが必要なのだ、と。

ここに歴史の正義不正義を測る上でのタイム・スパンの問題が浮上する。日の単位で測るなら、ハワイを奇襲攻撃した日本に非がある。月の単位で測るなら、ハル・ノートは明らかに不当な挑発である。だが年の単位で測るなら、軍国日本の行動がすべて正しかったとはよもや言えまい。しかし世紀の単位で測るなら、白人優位の世界秩序に対する日本を指導者とする「反帝国主義的帝国主義」の戦争ははたしてただ一方的に断罪されるべきものなのか。

日本の正義を信じる市丸は、日本側の東亜新秩序の理念である「八紘一宇」を説明しようとした。「皇祖皇宗建国ノ大詔ニ明ナル如ク」とある「養正」「重暉」「積慶」の語は、市丸が『日本書紀』巻三にある「蒙(くら)くして正(ただしきみち)を養ひて、此の西の偏(ほとり)を治(しら)す。皇祖皇考(みおや)、乃神乃聖(かみひじり)にして、慶(よろこび)を積み暉(ひかり)を重ねて、多(さは)に年所(とし)を歴(へ)たり」(原漢文)の神武天皇の言葉を引いたものである。括弧の中に(正義)(明智)(仁慈)と説明を加えたのは市丸が訳者のためを慮(おもんぱか)ってのことだろう。三上も原語をYosei, Chōki,

Sekkeiと直接ローマ字でまず写した上で括弧内に英訳を添えた。私自身は前にも述べたように市丸の遺書は初め英訳文を通して読んだ者だが、この三つのローマ字に相当する原の漢語が何であるか当初は解しかねたものだった。

あの頃のアメリカ人は「八紘一宇」などという標語は日本の世界制覇のための標語だと単純にきめつけていたに相違ない。いや今でもそう思い込んでいるアメリカの日本学者は沢山いる。彼らは戦後半世紀が経った後になっても戦時中に流布された反日プロパガンダのプリズムを通してしか日本を理解できないでいる。戦時中の反日宣伝の刷込みはそれほど強烈でその後も再生産され続けているのである。だが三上兵曹は八紘一宇の理想の実現とは「地球ノアラユル人類ハ其ノ固有ノ伝統習慣ニ従ヒ其ノ郷土ニ於テソノ生ヲ営ムコト」そして「以テ恒久的世界平和ヲ確立サセルコト」にあると訳した。

口喧しい軍官僚なら、たとい将官であろうと日本の一地域の司令官が交戦中に敵国大統領に手紙を書くとは何事か、しかも平和を云々するとは何事か、と咎め立てをすることも出来ないわけではない。だが誰もそんな咎め立てをしようと思わないのは、市丸が目前に迫った死を覚悟して書いているからである。市丸はかつて予科練の生徒に軍人たるより先に「人の人たるべき道を行へ」と説いた。そんな市丸利之助だったからこそ、この期においてもこの日本海軍軍人はあくまで「恒久的世界平和」の理想を唱え、日露戦争中に明治天皇が詠まれた御製を引くことで日本側の主張の真実を裏付けようとしたのである。

四方の海皆はらからと思ふ世に
　　など波風の立ちさわぐらむ

和歌の英訳はたとい平時に時間をかけたとしても難しい。三上の訳には明治天皇の平和を乱されたことを嘆く声音は必ずしも伝わっていないが、その歌を引いてこの「御製ハ貴下ノ叔父テオドル・ルーズベルト閣下ノ感嘆ヲ惹キタル所ニシテ貴下モ亦熟知ノ事実ナルベシ」とフランクリン・ルーズベルトに訴えるあたりは、この種の手紙の書き方としては見事ではあるまいか。ちなみに昭和十六年九月六日、和戦を決する御前会議の席上で、戦争へと傾く軍部や政府の主張を押しとどめ、昭和天皇がいま一たびの反省を列席者に強く求められた時、天皇が読みあげられた明治天皇の御製こそがこの歌であった。

フランクリン・ルーズベルトという政治家が妻の親戚筋のシオドア・ルーズベルトの感化もあってかねがねどのような日本観を抱いていたか、という問題はいまなお研究に値する論点である。市丸はシオドア・ルーズベルトを「テオドル・ルーズベルト閣下」と閣下の語を添えて話題としたが（そしてそれは惜しいことに英訳では略されてしまったが）、多くの日本人と同様、米国第二十六代大統領をその日露戦争の講和斡旋の故に親日家としてナイーヴにも誤解していたのではあるまいか。彼はフィリピン領有を積極的に主張し——アメリカは日本が米国のフィリピン統治を黙認することと引換えに日本による朝鮮合併を黙認した――「白人の重荷」をになうと宣言した。そんな典型的な帝国主義者であったシオドア・ルーズベルトにせよ、その親戚で米国第三十二代大統領となったフランクリン・ルーズベルトにせよ、国際関係における冷徹な力の信奉者であって、太平洋をはさんで擡頭しつつあった米日という両国がいつかはテリトリーを争う獣と獣のように戦う可能性があることを腹の中では考えていた政治家だったに相違ない。

市丸は、フランクリン・ルーズベルトと大英帝国を植民地帝国の現状のままに維持しようと欲するウィンストン・チャーチルに対し、白色人種による有色人種の支配の非を説き、その支配からの解放戦争としての「大東亜戦争」の意義を強調した。私は市丸が次のような主張を述べた時、それを宣伝のために書いたとは思わない。市丸は心から確信していたに相違ない。

卿等（けいら）ノナス所ヲ以テ見レバ白人殊ニ「アングロ・サクソン」ヲ以テ世界ノ利益ヲ壟断（ろうだん）セントシ……之ガ為奸策ヲ以テ有色人種ヲ瞞着（まんちゃく）シ、所謂（いはゆる）悪意ノ善政ヲ以テ彼等ヲ喪心無力化セシメントス。

市丸が生れた時、ハワイは半開とはいえまだ独立国だった。フィリピンはまだスペイン領だった。それらが米国領と化したのはアメリカが帝国主義国家としてアジアに向けて太平洋を渡って膨張してきたからである。

近世ニ至リ日本ガ卿等ノ野望ニ抗シ有色人種殊ニ東洋民族ヲシテ卿等ノ束縛ヨリ解放セント試ミルヤ卿等ハ毫モ日本ノ真意ヲ理解セント努ムルコトナク只管卿等ノ為ノ有害ナル存在トナシ曾テノ友邦ヲ目スルニ仇敵野蛮人ヲ以テシ……

市丸がここで日本を「曾テノ友邦」your once friendly Nipponと呼んでいることにも注目したい。市丸にとって国際関係の常態とは平和的であり友好的であることなのだ。

三上兵曹が、市丸の言葉で修辞に流れて激している条りを英訳では省略していることにも留意したい。「有色人種ヲ以テ其ノ野望ノ前ニ奴隷化セントスルニ外ナラズ」「之豈神意ニ叶フモノナランヤ」「大東亜戦争ニ依リ所謂大東亜共栄圏ノ成ルヤ所在各民族ハ我ガ善政ヲ謳歌シ」などが省略されている。三上は英米はアジアの植民地支配においてはかつてアメリカが黒人を奴隷として支配したようには奴隷化していないことは承知していたからであろうか。またフィリピンなどで原住民が必ずしも日本軍の「善政ヲ謳歌シ」ていないことも、この通信兵曹は知っていたからであろうか。「神意」などという言葉を迂潤に訳してキリスト教徒の反感を招いてもまずいと思ったに相違ない。だが次の市丸の主張を英語に訳す時、三上の英文にもおのずと力はこもった。

卿等ハ既ニ充分ナル繁栄ニモ満足スルコトナク数百年来ノ卿等ノ搾取ヨリ免レントスル是等憐ム

ベキ人類ノ希望ノ芽ヲ何ガ故ニ嫩葉(わかば)ニ於テ摘ミ取ラントスルヤ。只東洋ノ物ヲ東洋ニ帰スニ過ギザルニ非ズヤ。

市丸の措辞には高雅な響きがある。二十世紀の前半、「アジア人のためのアジア」Asia for Asiatics というスローガンが英米人によって極度に嫌われた、という歴史的事実を私たちは忘れるべきではないだろう。市丸は「アジア人のためのアジア」としての大東亜共栄圏の何処が悪いのか、と思っていただろう。日本天皇の真意が「此ノ外ニ出ヅルナキヲ理解スルノ雅量アランコトヲ希望シテ止マザルモノナリ」と市丸は述べた。

だがこの最後の言いまわしを三上は英訳することが出来なかった。（なお「大東亜共栄圏ノ存在ハ……世界平和ノ一翼トシテ」の条りの英訳文はアメリカ側の諸文献には The existence of the East Asia Co-Prosperity sphere……will act as a pillar of world peace ensuring the happiness of the world として翻刻されているが、三上の字体から判読すると act は sit ではないかと思われる。）

さらに注目すべきは市丸のヒットラー観とスターリン観であろう。第二次世界大戦後、日本とイタリアが国際社会で悪玉の烙印を押されたについては、ユダヤ人絶滅を計ったナチス・ドイツの同盟国であったために、そのドイツとの類推でもって悪者にされ誤解された、という面が強い。西洋人一般の日本理解は昔も今もけっして深くはない。それで日本を「極東のドイツ」というアナロジーで理解しようとする傾向が戦中戦後に強かった。だがしかし日本は、交戦国の常として残虐行為を犯したとはいえ、ユダヤ人絶滅のような組織的残虐行為を国策として企らんだ国ではなかった。なるほど日本はそのドイツの同盟国であったが、しかし戦争中の日本人はドイツがユダヤ人を強制収容所に送りこんで絶滅を計っていることなどは知らされていなかった。戦時中の日本人の多くにとってドイツとは依然としてカントやゲーテやベートーヴェンの国であった。ところが市丸はヒットラーのドイツについてその暗黒面もあるいは聞き知っていたのではあるまいか。しかしたとい知っていたにせよ、ドイツは同盟国である。それだから「今ヒットラー総統ノ行動ノ是非ヲ云為スルヲ慎ムモ」という表現が日本語原文には出たかにも思われるのである。もっとも三上は英訳文ではその条りは略してしまったが。

しかしその次にドイツとの関連で市丸少将が述べた言葉は、日本国の敗戦を見越した上での発言として読むと意味深い。

翻(ひるがへ)ツテ欧州ノ事情ヲ観察スルモ又相互無理解ニ基ク人類闘争ノ如何ニ悲惨ナルカヲ痛嘆セザルヲ得ズ。

三上は英文でここに「恒久的ナ世界平和ノ必要ヲ感ズルハ難事ニ非ズ」とつけ足した。市丸は敗戦国の処遇について言う。

彼ノ第二次欧州大戦開戦ノ原因ガ第一次大戦終結ニ際シソノ開戦ノ責任ノ一切ヲ敗戦国独逸ニ帰シソノ正当ナル存在ヲ極度ニ圧迫セントシタル卿等先輩ノ処置ニ対スル反撥ニ外ナラザリシヲ観過セザルヲ要ス。

この市丸の指摘は正鵠（せいこく）を射ている。ドイツにナチズムの登場を許した最大の原因は苛酷なヴェルサイユ条約に対するドイツ国民の反撥であったからだ。一九三三年、ナチス党は普通選挙で第一党となり政権を取ったのだ、という史実を看過してはならない。一九四五年、連合国の当事者の間には敗戦国に対し、その国民の中から将来復讐心が湧くようなヴェルサイユ条約式の講和を二度と押しつけてはならないという自戒の念はすでに萌（きざ）していただろう。そうした要路の人々の目に一九四五年七月十一日、米国各新聞にいっせいに掲げられたこの市丸の手紙はどのように映じたことか。

市丸はまた米国がヒットラーを一面では誹謗しながら他面ではスターリンと協力することの矛盾をついた。米英は「敵の敵は味方」という論理でソ連と協調したままであって、人民民主主義国の側に特に正義があったわけではない。戦後にやがて生じた「鉄のカーテン」をはさむ苛烈な対立は市丸の指摘の正当性を証するものだろう。第二次世界大戦をデモクラシー対ファシズムの戦争とする見方は、マルクシズム史観の強い国や党ではなお行なわれるかもしれないが、イギリスなどの歴史家はそうした戦時中のスローガンから生れた第二次世界大戦観から次第に脱却するにちがいない。いや、すでに脱却したに相違ない。

市丸は一九四五年二月末の時点で米英軍に対し「卿等ノ善戦」といい、第二次大戦における米英の勝利をほぼ既定事実として認めている。「卿等今世界制覇ノ野望一応将ニ成ラントス。卿等ノ得意思フベシ」。だが相手の優位を率直に認めた市丸発言を、日本海軍部内の教育で米国を軽侮するよう叩きこまれたに相違ない三上は、あるいは略し、あるいは余計な形容詞を補足して、文の品格を下げてしまった。"Upon the attainment of your *barbaric* world monopoly." それでも最後に、第一次世界大戦に勝利し、国際連盟という平和維持機構の規約を成立させることに成功しながら、肝腎の米国上院で連盟規約を含むヴェルサイユ条約の批准を拒否されたウィルソン大統領の先例を持ち出すあたり、市丸の筆鋒は鋭い。ウィルソンは失意のうちに世を去った人であったからだ。"Roosevelt Was Lectured in Nip Admiral's Letter"「ルーズベルト、日本(ニップ)提督の書簡中で叱責さる」という揶揄めいた見出しが『デンヴァー・ポスト』についたのも、市丸がこうした歴史的先例を喚び出すことで手紙を結んでいたからだろう。もちろん「ニップ」も「ジャップ」と同様の蔑称であり、Lectured という語も、本来お叱言(こごと)をいう資格のない人物がこともあろうに大統領閣下様を叱責した、という冷やかしではあろう。しかしそれでも市丸の言わんとしたところは、完全とはいえないにせよ、三上の英訳文

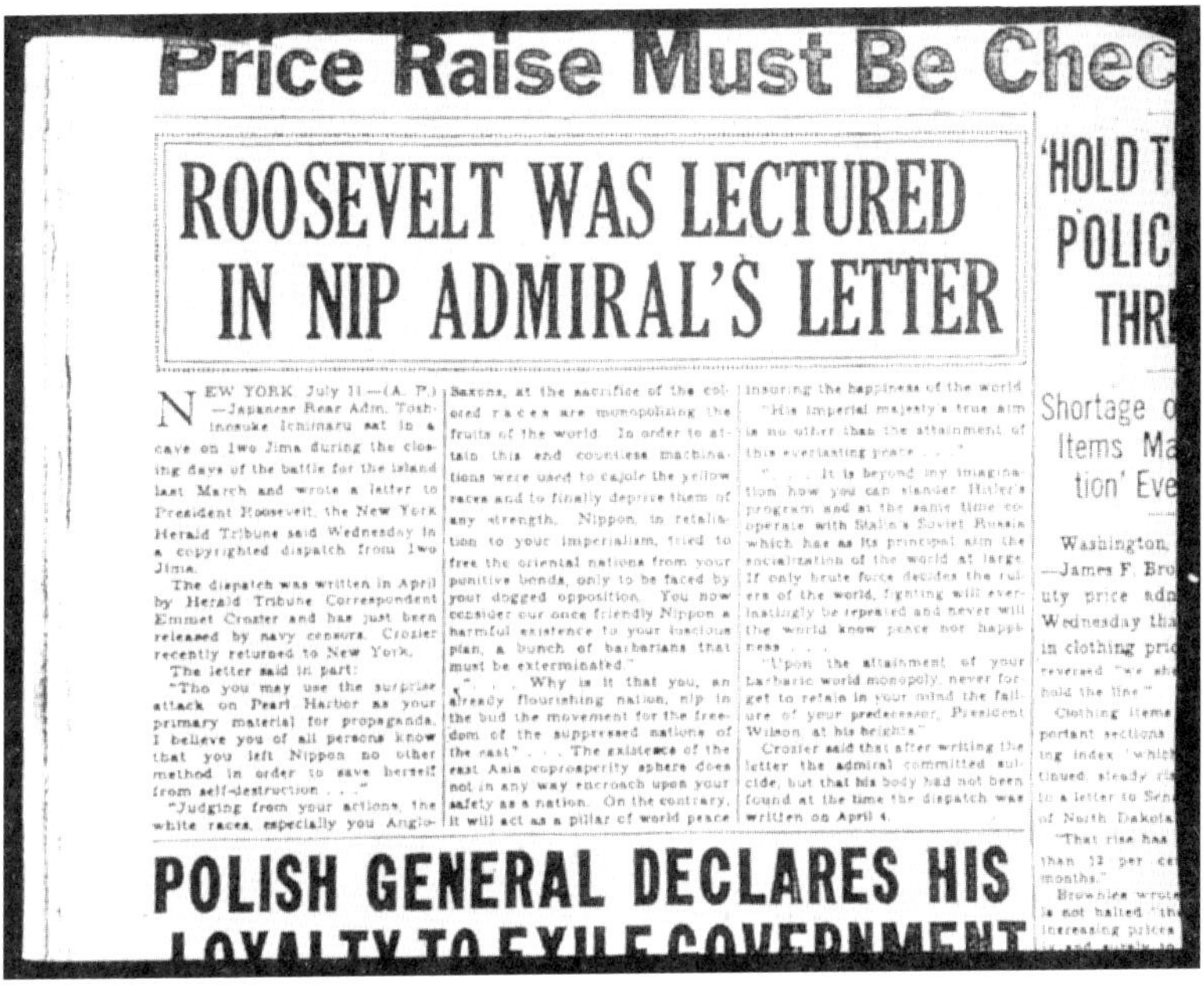

Price Raise Must Be Chec

ROOSEVELT WAS LECTURED IN NIP ADMIRAL'S LETTER

NEW YORK, July 11—(A. P.)—Japanese Rear Adm. Toshinosuke Ichimaru sat in a cave on Iwo Jima during the closing days of the battle for the island last March and wrote a letter to President Roosevelt, the New York Herald Tribune said Wednesday in a copyrighted dispatch from Iwo Jima.

The dispatch was written in April by Herald Tribune Correspondent Emmet Crozier and has just been released by navy censors. Crozier recently returned to New York.

The letter said in part:

"Tho you may use the surprise attack on Pearl Harbor as your primary material for propaganda, I believe you of all persons know that you left Nippon no other method in order to save herself from self-destruction . . ."

"Judging from your actions, the white races, especially you Anglo-Saxons, at the sacrifice of the colored races are monopolizing the fruits of the world. In order to attain this end countless machinations were used to cajole the yellow races and to finally deprive them of any strength. Nippon, in retaliation to your imperialism, tried to free the oriental nations from your punitive bonds, only to be faced by your dogged opposition. You now consider our once friendly Nippon a harmful existence to your luscious plan, a bunch of barbarians that must be exterminated."

". . . Why is it that you, an already flourishing nation, nip in the bud the movement for the freedom of the suppressed nations of the east" . . . "The existence of the east Asia coprosperity sphere does not in any way encroach upon your safety as a nation. On the contrary, it will act as a pillar of world peace insuring the happiness of the world.

"His imperial majesty's true aim is no other than the attainment of this everlasting peace . . ."

". . . It is beyond my imagination how you can slander Hitler's program and at the same time cooperate with Stalin's Soviet Russia which has as its principal aim the socialization of the world at large. If only brute force decides the rulers of the world, fighting will everlastingly be repeated and never will the world know peace nor happiness . . .

"Upon the attainment of your barbaric world monopoly, never forget to retain in your mind the failure of your predecessor, President Wilson, at his heights."

Crozier said that after writing the letter the admiral committed suicide, but that his body had not been found at the time the dispatch was written on April 4.

POLISH GENERAL DECLARES HIS LOYALTY TO EXILE GOVERNMENT

『デンヴァー・ポスト』1945年7月11日の記事（新潮社版より）

で伝わったというべきだろう。硫黄島に従軍したクロージャー記者はおそらくそうしたウィルソンにまつわる自国の史実にすらもうとい平均的アメリカ人の一人だったのではあるまいか。(ちなみにクロージャー記者が『ニューヨーク・ヘラルド・トリビューン』紙の記事につけた彼自身の感情的なコメントは『デンヴァー・ポスト』など地方紙へ転載された時にはすべて削られた)。思うに市丸は大正時代、ウィルソンの国際連盟にひそかに期待の夢を寄せていた日本人の一人だったのではあるまいか。ルーズベルト大統領宛ての市丸の手紙の結びには、ヴェルサイユ条約の愚を繰返すな、日米関係の戦後処理を誤るな、という市丸の平和の夢が託されていたように思える。

第五章　名誉の再会

大東亜戦争と太平洋戦争

私は市丸利之助の遺書の中で理のある条りはなるべく拾ってそれを説こうとした。私はいわば弁護人的な心情でこの小伝を綴ったのである。読者の中にはそれとは別の見方で日本の過去に臨む人も多いであろう。しかし私は米国占領軍を解放軍として迎え、それと協力した日本左翼の軍国主義日本批判にはなにかまやかしがあるような気がしてならない。第二次世界大戦をデモクラシーを体現する米英中ソとファシズムを体現する独日伊との正邪の戦さであったとする定型的な分類は、デモクラシーの一語の中に民主主義と人民民主主義という本来氷炭相容れぬ二つを一括してつっこんだ奇妙で安直な分類であった。

秘密投票による選挙が行なわれず、複数の政党や複数の候補者が存在せず、言論や出版の自由が認められない一党専制の国と米国が手を結んだのは、市丸の言い分ではないが、「如何ニシテスターリンヲ首領トスルソビエツトロシヤト協調セントスルヤ」と皮肉も言いたくなる同盟であった。

だがそれでも両者の間に実際に蜜月時代はあったのである。そしてそれは占領初期の日本ではアメリカ軍と日本のマルクシズム左翼とが軍国主義日本の批判において協調するという形をとって現れた。その種の歴史観は、部分的には正しい故に、たといソ連邦が崩壊し、マルクス主義が破産しようとも、今後も内外でなお生き続けるであろう。その種の歴史観は過去の日本帝国を断罪するが故に、日本に対して怨念や嫉妬の情を抱く国々では受け入れられやすい。それらの国の人々は二十世紀前半の日本の歴史に対しあくまで検察官的な態度をもって臨むであろう。

もっとも読者はさまざまであるから——それが複数の言論の自由が保障された今日の日本の餘慶でもあるのだが——平川の弁護論は不十分だ、という向きも必ずやいるに相違ない。日本が戦った第二次世界大戦を大東亜戦争という歴史が匂う言葉で呼ばずに太平洋戦争というアメリカ側の言葉を私が用いたことに不満を覚える向きもいるかもしれない。しかし敗れた戦さである。私たちはグアム島をもはや大宮島とは呼ばない。シンガポールを昭南とは呼ばない。日本以外の土地で the Greater East Asia War という語が通用しない以上、そう言い張ってみたところで所詮、井の中の蛙ではあるまいか。

この前の戦争について太平洋戦争というよりも大東亜戦争という呼び名の方がよく似合う点もありはしたが、私はその部分を拡大して全体を掩うようなことはしたくない。
もちろん太平洋戦争という呼称も中国本土で日本軍と戦った国民党軍にとっても八路軍にとっても不適当なことは明らかだ。中国人にとってそれは抗日戦争であった。そして誰がなんと言い張ろうと、中国人の多数にとってその戦争は大東亜戦争などではなかった。私たちはその事実をゆめ忘れてはならない。日本は「東洋永遠の平和」などの美辞をつらねて、いわゆる支那事変の泥沼にはまりこんだ。その戦争の大義名分が中国上空で戦った市丸自身にとってすらも不鮮明だったことは、日米開戦直後に詠まれた次の歌によっても察せられる。

わりきれぬ心を抱き戦ひき支那大陸の空を飛びつつ

国家がひとたび戦争を決定すればそれは絶対の命令となる。将校も兵もそれに従わなければならない。市丸利之助のような軍人に「わりきれぬ心を抱」かせたような、中国大陸への軍事介入を、早期の段階で解決できなかった昭和日本をみっともない国家であった、と私が考える所以である。

イメージの戦い

我々の父祖や夫、兄弟が戦って死んだからといって、その戦争をただただ義戦として肯定してはならない。勇戦奮闘したからといって、硫黄島の戦闘を美化してはならない。戦記物には執筆者や旧軍人の願望的思考が混じりこむ。その一つにこんな日本側の伝説がある。

昭和二十年二月二十三日午前十時過ぎ、アメリカ海兵隊は上陸後第五日目、硫黄島南端の同島最高（標高一六九メートル）の摺鉢山を占領し、星条旗を押し立てた。「しかしながら摺鉢山には我一部の部隊が残留し依然として敢闘中で二十四日には同山山頂になほ日章旗が翩翻（へんぽん）として飜つてゐるのが望見される」（『朝日新聞』、昭和二十年二月二十七日）。

この「摺鉢山、再び日章旗飜る」という伝説は日本軍の英雄的な反撃を証するものとして当時も報道されたし、その後も日本側の戦記などに記載されている。だが米軍側には日本軍が摺鉢山山頂を再奪取したという報告は一切ない。

二月二十三日午前十時二十分、シュライヤー中尉の率いる中隊は日本軍と射撃を交えつつ山頂にたどり着いた。中尉と部下四人がころがっていた送水用鉄パイプに星条旗を結びつけて山頂に押し立てた。彼等は殊勲の一番乗りだった。その旗を立てた光景はローリー軍曹によって写真にも撮影された。

だが今日アーリントン墓地に建っている硫黄島記念碑はその写真に基づいたものではない。またその一番乗りの兵士たちの姿を再現したものでもない。最初の星条旗が山頂に翻った時、ＡＰのローゼンソール記者はまだ山麓にいた。彼はその四時間後、山頂に行き、見ばえのよい大きな星条旗と長いパイプを持って来させ、その旗を六人の海兵隊員に新たに押し立てさせ、その光景を撮影したのである。その際、摺鉢山山頂に当初ひるがえった星条旗が一旦は降ろされた。その様を硫黄島の中央、玉名山から望遠鏡で認めた橋田信一兵曹が、日本軍が再び山頂を奪取したからだと解釈し、その報告を打電した。それが東京でさらに脚色され「再び日章旗飜る」となってしまったのが真相のようである。

ローゼンソール特派員撮影の写真はグアム経由で電送され、二月二十五日日曜の『ニューヨーク・タイムズ』はじめ多くの新聞の第一面を飾った。それは苦難を克服し、ついに日本固有の領土を占領した、米国最強の海兵隊の勝利を象徴的に示していた。それは第二次世界大戦中でももっとも有名な写真となった。星条旗を押し立てた六名は勇士であった。その海兵隊員のうち三人はその後、硫黄島北部の戦闘で戦死して果てている。

しかし実際に日本軍と手榴弾を投げあって、必死の思いで摺鉢山の山頂を制圧し、小さな星条旗を最初に掲げた兵士たちは、自分たちの手柄を横取りにした写真家ローゼンソールのやらせに不満だったにちがいない。

それかあらぬかアーリントン墓地へ行き、ローゼンソールの写真を忠実に拡大再現した彫刻家ウェルドンの巨大記念碑を眺めた時、その「硫黄島モニュメント」に真実でないなにかが感じられてならなかった。というか太平洋戦争そのものについても、史実よりイメージによる戦いが、戦後五十年なお続いている、という印象を受けた。私たち日本人はその戦後の戦いにおいても、外国に伝えるべき自己イメージをきちんと持たず、ましてやそれを外へ伝えることはしないできた。内にあっては日本悪玉論とそれに対する反動としての善玉論が不毛な集会を別々に開いてきた。その悪玉論の中には戦時中に敵国で作られたものの安直な借用も混じっていた。

戦時下に自国の正義を唱え、敵国の不義を難じるのはプロパガンダの常道である。すでに第一次世界大戦の際、Rape of Belgium というドイツ兵非難の大合唱が連合国によって発せられた。昭和十二年、南京を占領した日本軍に対しても、非難さるべき火種は日本側にあったにせよ、大声のプロパガンダは米英側から発せられた。日本側も大東亜戦争勃発前から米英非難を繰り返し、開戦後は鬼畜米英と罵った。もっとも『読売新聞』が「狭猥」という新語を使った時は戦時下の日本人読者といえどもさすがに顰蹙（ひんしゅく）したが。

それでは、宣伝戦は戦時中、双方共にやったからおあいこかというと決してそうではない。敗戦後の日本では戦時中に唱えられた日本の正義なるものはことごとく欺瞞であったとする再教育が徹底して行なわれた。アメリカは満洲国政府について実体は日本の軍や官僚が内面指導を行なった傀儡（かいらい）だと非難したが、そのアメリカ占領軍が占領下の日本政府や新聞ラジオに対して行なったこともまた高度

硫黄島モニュメント／撮影：谷川永洋（石井顕勇「硫黄島探訪」http://www.iwojima.jp/）

の内面指導であった。敗戦国では「真相はこうだ」として歴史は塗り変えられた。それに対して戦勝国では戦時中に唱えられた連合国側の正義と枢軸国側の不義とが再吟味されることもなく、戦後もそのままかり通った。もっとも市ヶ谷の極東国際軍事法廷で、アメリカ側の原爆投下の是非は一切問うことなく、日本側の非だけがあげつらわれた時、日本側の大新聞やＮＨＫはキーナン首席検事以下の日本断罪の論調に同調したけれども——そしてそれは一九五一年五月、帰米したマッカーサー元帥の上院における証言「日本人は全ての東洋人と同様に勝者には追従し敗者を極端に侮蔑する傾向を有している」をよく裏付けてはいると思うけれども——、心ある日本人はその裁判で示された米英中ソなどの「東京裁判史観」に必ずしも全面的には承服しなかった。それだからこそ第二次世界大戦終結から五十年、戦時中のプロパガンダや原爆投下の正義をいまだに信じているらしい米国の在郷軍人会の発言や示威行動に日本人の多くは戸惑いを覚えるのである。

だが「東京裁判史観」に示されたメイド・イン・アメリカの価値観に同意しないからといって、昭和初年の日本軍部主導の政策がすべて正しかった、などというつもりは私には毛頭ない。近ごろの日本には満洲事変以後の日本のさまざまの行動を正当化しようとする説も見かけるが、あれは敗戦直後に行なわれた全面的な日本悪玉論の裏返しのようなものだろう。日本善玉論は一部日本人のナルシシズムに訴えることはあっても、国際世論にはかえって悪影響を及ぼすだけだろう。なんでもかでも日本のしたことを正当化して弁護しようとする人を見かけると、戦時中部下の日本兵のしたことをなんでもかでもかばった将軍を思い出さずにはいられない。そうした将軍は残虐行為や婦女暴行を働いた兵隊も厳罰に処さなかった。そんな内に甘い日本軍だったからこそ、外の大陸では民衆の心をつかめなかったのだろう。日本の歴史を論ずる際も、日本を可愛がるあまり、過去の汚点に目をつぶってはならない。

それでは市丸の歴史判断についてはどうか。外国との関係について日本は「自ラ慾セザルニ拘ラズ」敵対関係に追いこまれた、と責任をすべて外国側にのみかぶせてよいことか。日本人には鎖国していた徳川時代の壺中(こちゅう)の春を懐しむ気持がある。その鎖国の夢を破ったペリーに対する怨みが日本人の心理に底流するが、しかしその日本自身は朝鮮や清国に対しては逆に鎖国の夢を破った国であった。そのことを思えば、市丸に代表される日本人の歴史認識にはやはり一面的なところがあったのではなかろうか。

第二次世界大戦を戦った日本側の将兵の多くが大東亜解放のためという大義を信じていたのは事実だろう。また昭和十八年十一月、東京で開かれた大東亜会議に集ったアジア六ヵ国の代表が、日本の傀儡だけでなく出色の人物が揃っていた、というのも深田祐介氏が『黎明の世紀』（文春文庫）で指摘する通りだろう。しかし地球上のあらゆる人類をその分に従い、その郷土においてその生を享有せしめるのが日本の目的であったというのなら、日本は大東亜会議において西洋の植民地の解放を唱えるだけでなく、当時は日本の植民地であった朝鮮の将来への展望もはっきりと闡明(せんめい)するべきであったろう。しかし昭和十八年当時の日本政府は当面の戦争遂行に追われ、戦後というか敗戦後の世界への展望がなく、そうした国家百年の大計を押しすすめるだけの政治力を欠いていた。というか敗戦とか戦後の世界への見通しや予測は、東條英機という器量の小さな首相にとっては、思考の対象とすらもならぬタブーだったのではあるまいか。それに対して昭和二十年三月の市丸の米国大統領宛ての手紙では、敗色が濃厚になった時期だからとはいえ、日本の将来のことを念頭に浮べて、ヴェルサイユ条約の轍（てつ）を踏むなかれと述べている。市丸少将はその点ではやはり例外的な日本の軍人だったといえるのではあるまいか。

日本の東亜解放という主張には実際面においてダブル・スタンダードがあった。日本はアングロ・サクソンが世界の利益を壟断（ろうだん）することに反撥したが、それでいながら英帝国に見ならって日本もまた植民地帝国を建設しようとしたからである。由来「解放」を唱える戦争には怪しいものが多い。ソ連軍は一九四五年、東ヨーロッパを「解放」したが、いま東欧諸国はソ連解放軍がいなくなって初めて自由を享受している。北朝鮮は一九五〇年、韓国を「解放」しようとしたが、韓国は「解放」されなかったお蔭で今日経済的な繁栄を享受している。一九八九年、北京の天安門広場で民主化要求を掲げた人々を武力的に鎮圧したのも「人民解放」を名乗る軍隊であった。

その今日の中国の人民解放軍が日本軍のやり方を取り入れた点が一つあった。それは敵方に投降することをいかなる場合も中共側は認めない、とする点である。朝鮮戦争に加わった中国の人民解放軍も人海戦術を繰返す間に生きて捕虜となる者が多数出た。休戦協定が成立した後、捕虜たちは帰国後極刑に処されることをおそれて大陸へは戻らず、結局台湾に移った。私が台湾の大学で教えていた時、用務員として働いている老人の独身者たちは元は人民解放軍の兵士たちであった。そういう人に呼びかける時も「先生(シェンシャン)」という語は用いられた。いまの中国語で「先生(シェンシャン)」はもはや先生ではなくただ「さん」に相当するだけの意味である。

ここで玉砕の暗い面にもふれなければならない。日本では「生きて虜囚(りょしゅう)の辱(はずかし)めを受くる勿(なか)れ」の戦陣訓が日本軍部の発想そのものまでも拘束した。昭和二十年の日本に「一億玉砕」という言葉がはやり出したのは、その不吉な論理的帰結である。戦争終結という考え方そのものが糾弾された。大東亜戦争はこうして軍部の存在そのものを賭ける戦争となったから、敗北は軍の死でなければならなかった。昭和二十年八月十五日以後、軍の存在そのものを認めようとしない考え方が日本国民の間で力を得たのは、ただ単にアメリカ占領軍による政策や洗脳の結果ばかりではない。それは人間の本能的な反撥であった。

硫黄島でも重傷者で日本軍の最後の突撃の前に青酸カリを溶かした水を飲まされた者もいたであろう。投降しようとして日本兵に撃たれた日本兵もまたいたに相違ない。

そしてそれから戦火に焼かれた硫黄島は、主なきままに、蓖麻(ひま)のみ生い茂って何年もが過ぎた。その島で水を欲しながら水も飲めずに死んでいった人々のことを日本人は長いあいだ半ば忘れたかのごとくであった。

REUNION OF HONOR

マイケル・ジャコビー少年が米国大統領へ宛てた手紙で語った「日米の抱擁」は一九八五年におこった。それは硫黄島で戦った米国海兵隊員からの発起を、日本側の硫黄島協会の和智恒蔵が受けて立って行なった催しであった。『硫黄島いまだ玉砕せず』の著者上坂冬子氏は、その時八十四歳になっていた元硫黄島警備隊司令の和智が、米軍の戦勝記念の行事なら参加しない、「名誉の再会」なら応ずる、と家人に洩らしたことを伝えている。そして和智は実際にアメリカ側と協同してREUNION OF HONORの碑を立てた。その小さな御影石の両面には日英両文で次のように記されている。

硫黄島戦闘四十周年に当たり、曾(か)つての日米軍人は本日茲(ここ)に、平和と友好の裡(うち)に同じ砂浜の上に再会す。我々同志は死生を越えて、勇気と名誉とを以て戦ったことを銘記すると共に、硫黄島での我々の犠牲を常に心に留め、且つ決して之(こ)れを繰り返すことのないように祈る次第である。

昭和六十年二月十九日

米国海兵隊
第三第四第五師団協会
硫黄島協会

米国人牧師の礼拝の後、墨染めの衣に黄色の袈裟をまとった和智恒蔵が読経した。和智の周囲を白衣をまとった女たちが蓮の花びらを象(かたど)った色紙を撒き、山伏姿の青年が法螺貝を吹いた。その宗教儀式のあと、アメリカ側は太平洋地区海兵隊総司令官クーパー中将がレーガン大統領の言葉を代読した。日本側にはそれに相当する政府首脳の言葉が、どうしたわけか、届いていなかった。双方の代表の挨拶が終り、再会記念碑の除幕式が行なわれ、米国海兵隊と日本海上自衛隊が交互に鎮魂の曲を演奏した。そして米国のリドロン大佐が日本側に花輪を、日本の和智師がアメリカ側に花輪を捧げた後、和智はアメリカ人牧師バサネムと抱擁した。そしてそれをきっかけに、日本軍兵士の未亡人や娘がアメリカ軍兵士やその妻子と抱きあったのであった。日本側の遺族がこの亜熱帯の島で黒の喪服に威儀を正していたのに対し、アメリカ側は元兵士をはじめアロハ・シャツに類したラフな恰好であった。行事が始った時、向いあって着席した双方には違和感もあった。とくに日本側の女子供は身を固くしていた。それがいまや涙と涙の抱擁となったのである。『ニューヨーク・タイムズ』は硫黄島での名誉の再会のニュースを第一面のトップ記事で報じたが、日本側は各紙とも取扱いは冷淡で葉書半分から多くて葉書一枚程度の紙面であった。

硫黄島の戦闘の政治的意味については次のような諸説がある。五百旗頭真教授によれば（『日米戦争と戦後日本』、大阪書籍）、ガダルカナル、マリアナ諸島、レイテ島、ルソン島の戦闘に比し、硫黄島、ついで沖縄本島の戦闘では日本軍の抵抗がにわかに激化し、アメリカ軍司令部はもとより米国世論も非常なショックを受けた。そのような米軍死傷者の急増が、アメリカ側をして犠牲の多いであろう本土決戦を避け戦争終結の方途を探らせることとなり、日本を降伏させる方便として天皇制の保持をも認めるきっかけとなった、という。昭和二十年八月、十四歳の少年だった私も本土決戦が回避されたからこそいま生きながらえて戦後五十年、この紙碑を書き記すことが出来るのである。あらためてこれらの島々で勇戦奮闘した日本の方々、また亡くなった日米双方の方々の霊に対し頭を垂れずにはいられない。

もちろんシニカルな観察をする人もいる。硫黄島での日本陸軍の巧みな抵抗が米軍に甚大な被害を与え、アメリカ側の一部に「米軍の実質的な敗戦」という批判的報道が出たところから、日本陸軍はそれに力を得、昭和二十年夏もなお強気に本土決戦を呼号したのだ、という見方である。また日本兵の死物狂いの抵抗に出会ったから、これ以上地上戦闘で米国青年（アメリカン・ボーイズ）を殺してはならないという名分で、トルーマン大統領は原子爆弾を落して日本を降伏させたのだ、という見方である。しかし国際法にそむき、無辜（むこ）の市民の上に原子爆弾を破裂させて獲た勝利は名誉ある勝利とはいえないだろう。いずれにせよ広島や長崎で日米の名誉ある再会はあり得ない。ハワイ・オアフ島でもまずあり得ない。そうした中で硫黄島がREUNION OF HONORの地となり得たのは、日米両軍の兵士が「死生を越えて勇気と名誉を以て戦った」からである。米海兵隊報道班員ビル・ロスの『硫黄島――勇気の遺産』を日本語に訳した時、その日本人の訳者は「銃後の私たちを守るために、身命をなげうって戦ってくれた私たちの父や兄の世代に対する感謝の気持」に胸がつまったと「あとがき」に書いている。私たちは戦後日本に、僥倖(ぎょうこう)とはいえ、長く平和が続いたことを有難く思う。しかしその平和を尊ぶ気持と名誉を重んずる気持は両立するものと信ずる。日本が勝ち戦さだった昭和十七年二月、志賀直哉は「シンガポール陥落」という躍るような一文を発表し、それを「謹んで英霊に額づく」の一行で結んだ。私は日本が負け戦さで敗れたからこそなお一層謹しんで戦没者の冥福を祈りたいのである。

平成六年二月十二日、天皇皇后両陛下は戦後はじめて硫黄島へ慰霊のために渡られた。やがて遺族として島の土を踏まれた市丸美恵子さんが追悼の言葉を述べる姿がテレビに映った。書かねばならない、これは昭和一桁生れの自分の義務だ――そう思ってこの小伝を私は書き出した。

国のために命を捧げることは崇高な行為であった。それは戦争が義戦であれば肯定しやすい。しかしたとい戦うべきでない戦さをした時といえども、一旦戦争が始まれば、兵隊も前線司令官も、上からの命令を遂行するのみである。そのような状況の中で、最後まで自分の信ずるところに従い、最善を尽して死んでいった人々のことを私たちは忘れるべきではない。

いま筆を擱くに際し、南の島で軍刀の柄の上に両手を重ねて起立している古武士のような市丸司令官の面影が目に浮ぶ。莞爾として微笑する市丸少将は、しかし遠慮がちに、小声で、

「違う、違う。自分はそんな伝記を書かれるような大した者ではない。美談にしたててもらっては困る。苦しんで亡くなった部下たちにあいすまぬ」

と言っているような気もする。硫黄島でも兵士たちの夢は平和な郷里へ帰りたいということであったろう。そしてそれはまた市丸利之助その人の夢でもあったのである。


夢遠し身は故郷の村人に酒勧められ囲まれてあり

付録一

毛厠救命

豊子愷
（平川祐弘訳）

多分一九三九年のことだったと思います。日本は中国を攻めたが、その攻勢が酣(たけなわ)な時期で、毎日毎日幾十機という飛行機で重慶を空爆に来た。我々がその爆撃の被害に恐れをなして、日本に無条件で降伏するとでも想っていたらしい。そのころ私は重慶にはおらず、広西省の山奥にいました。ある日一友人が重慶から逃げて広西にやって来て、私を見かけるや言った、「私は便所のおかげで命拾いした。」私は笑った、「便所が命を助けてくれるとは不思議ですね。」友人は身の上に起こった話を私と家人に聞かせてくれた。以下はその友人の話です。

重慶では毎日毎日警報が鳴る。毎日毎日何十機という日本の飛行機が爆撃に来る。重慶に住んでいる人々は毎日朝早く食事をすますと、門をしっかり閉めて昼飯を持って山の洞穴へ行って一日を過ごす。夕方になるとまた家に戻る。毎日毎日こうした暮らしぶりだが、それというのも毎日午前と午後に一回ずつ爆撃があるからで、その時になって慌てふためくことのないよう皆早朝から先に逃げ出したのだ。いってみれば毎日毎日一家揃ってピックニックに行くようなものさ。

私は会社で働いていました。会社は揚子江のほとりにあって市街区から遠く離れていた。日本機が爆撃するのはいつも市街区にきまっていたから、私がいるあたりはいままで爆撃されたことはなかった。私はもともと肝っ玉は太い方で、空襲警報が鳴っても逃げなかった。会社の人は皆逃げた。私一人だけは逃げない。皆は私を冒険野郎と笑い、私は皆を臆病者と笑った。しかし私は自分の命を軽く見ていたわけではない。自分なりの理屈があった。敵機の数がいかに多かろうと、重慶はなんといっても広い。自分の体はたかが五尺だ。なんでこの私の体に弾が当たることがあってたまるものか。ましてや私たちがいる揚子江のほとりは建物も少なく、あすこに一軒ここに一軒とぽつぽつまばらで、爆弾を一個投下したところで、一軒の家を破壊するのがせいぜいだ。他の家には影響もない。爆弾の価格は家の価格よりよほど高い。日本人は吝嗇（けち）だから、そんなところに爆弾を浪費することなどよもやあるまい。そういうわけで私はこの理屈を信じていたから、警報が鳴っても一向に逃げ出さなかった。

ある日の夕方、空襲警報で逃げていた連中が帰ってきた。豚の腿肉を持っている。なんでも肉屋に爆弾が落ちて豚肉が四方に吹っ飛んだ。この腿肉は路地の上に転がっていたから、それで拾って来たのだという話。本来そんな路地に行くつもりはなかった。しかしたまたま前の日同僚の一人が腕時計をある時計屋に修理に出していた。そしてそのお店はその路地の入口近くにあった。同僚は時計屋がもう爆撃されたか、されてないか見に行った。それで路地にはいったところでその腿肉を拾ったのだそうです。手にとって私が嗅いでみるとすこぶる新鮮だ。そこで私は言った、「皆さんは腿肉をお持ちで、うちには老酒がある。今晩私はその腿肉を御馳走になる代わりに皆さんに老酒をふるまおう。」そうしてしまっておいた一瓶の「渝酒」を差出した（これは重慶の人が模倣してこしらえた紹興酒です）。それを客人に勧めた。その晩は皆さんしたたか酔い、私も五六合飲んで寝台で昏々と眠った。

しかし日本の鬼どもがこれほどの悪者とは知らなかった。その夜は遅くなって月が出た。夜がまだ明けないのに、奴等は爆撃に飛来した。警報が発せられるや同僚たちは皆逃げた。私は例の通り逃げない。そのまま寝ていた。ただ飛行機の音がして爆弾の音がたいへん大きくて睡眠が妨げられた。突然腹痛がして腹の中でゲロゲロと音がする。まるで蛙を何匹か飼っているみたいだ。どうやら昨夜豚の腿肉を食い過ぎて腹を壊したらしい。我家の便所は母屋の後庭にある。私は一枚コートを羽織ると慌ただしく階を下り、百歩ほど歩いてその後院の厠（かわや）にはいった。

ちょうど腹痛に耐えながらしゃがんでいたその時、「すかーっ」と

いう響きが聴こえた。山が崩れ地が裂けるような物音だ。と同時に一陣の熱い灰や塵が便所にばっと突き当たり、便所の四本の柱がぐらぐらと揺れた。壁が裂け、石灰や瓦の破片が幾つも落ちてくる。頭や背中にぶち当たってすこぶる痛い。瓦の一片が尻に当たった。尻の皮に擦り傷を負ってしまった（話がそこに及んだ時、聴き手は皆大いに笑う）。灰や塵で眼がすっかり潰れてしまって私は眼を開くこともできない。大急ぎで体を起こそうとした。尻を拭くどころではない（聴き手はここでまた笑う）。そのころ東の方はもう白んでそろそろ夜が明ける頃だ。私は慌てて便所の外へ逃げ出して辺りを眺めた。煙霧がまだ濛々と立ちこめていて、はっきり見えない。それでもう一度しげしげと眺めると、私が住んでいた部屋がもはや見当たらない。一場の瓦礫（がれき）と化してしまっているではないか。敵機はまだ頭上を旋回している。別の場所ではまた爆弾を落としている。私はにわかに怖ろしくなった。しかし付近には山の洞穴はない。私はいっそのこと便所に戻ってその中に退避することにした（聴き手はここでまた大笑いする）。

　避難してずいぶん時間が経って警報がやっと解除された。便所から出て私の部屋があったあたりへ行って見ると、煉瓦や瓦礫、床板や戸や窓、テーブルの板や腰掛が七転八倒といおうか、いやはや滅茶苦茶である。壁の土台はまだ残っていた。それで自分の寝ていた場所を確

かめてみると、見れば深い穴が掘れている。優に二メートルの深さである。どうやら爆弾はまさに私の寝台のあった場所に炸裂したわけだ。かりにそこで寝ていたなら、現在私はもはや粉身砕骨、灰塵と化していたに相違ない（聴き手の口はここで大きく開き眼もみな大きくなる）。

「おわかりでしょう。私は便所のおかげで命拾いしたのと違いますか。」（皆また大笑いする）。

この友人が話を終えると一同静かになった。皆その時の彼の状況を思いめぐらしている様子なので、私が先ず口を利いた。「実はあなたは、お話になった便所のおかげで命拾いしたのでなくて、豚の腿肉が命を救ってくれたのではありませんか。もしもあの晩、腿肉を食べなかったら、腹を壊すこともなかった。もしも腹を壊さなかったら、爆撃の時あなたは必ずや寝台で眠っていて、便所へは行かなかったに相違ない。となると腿肉のおかげで命拾いをしたということになりませんか。」

友人はちょっと考えてから言った、「いや、腿肉が命を救ってくれたとも言えません。警報を聞いて逃げたから命拾いしたと言うべきではないですかね。それというのは、あの腿肉は私の同僚たちが警報を聞いて逃げたから拾って来た。かりに連中が空襲警報で逃げなかったら、腿肉を拾うことはできなかった。腿肉が無ければ、あの晩私は食い過ぎて腹を壊すこともなかった。もし腹を壊さなければ、便所へ行くこともあり得なかった。便所へ行かなければ、必ずや爆死していたにちがいない。連中が警報を聞いて逃げたから命拾いできたというべきではありませんか。」

私が言った、「違いますよ。前におっしゃったでしょう、同僚たちは警報で逃げた。もともとそんな路地に行くことはなかった。しかしその日同僚の一人が腕時計を時計屋に修理に出してあったので、そのお店がもう爆撃されたか、されてないか見に行った。それで路地にはいって腿肉を拾った。あなたに食べることを勧めたから腹を壊した。それで早朝起きて便所へ行った。そのおかげであなたは命拾いした。あなたの同僚がかりに時計を修理に出さなかったら、皆さんは路地に入らなかったでしょう。腿肉にもありつかなかったわけだ。あなたが食べ過ぎてお腹を壊すこともなかった。壊さなければ便所へ行くこともない。便所へ行かなければ、あなたは必ず爆死していた。こういう風に説き明かすと、腕時計が命を救ったことになりませんか。」

私の友人はちょっと考えて、笑いながら言った、「そういう風に話すとなると、命を救ったのは腕時計でもなく、ピンポンが命を救ったことになる。というのはその同僚はある晩私とピンポンをした。彼の習慣は左手でサーブをするのだが、打とうとして激しく力をこめて左手を振り上げ柱にぶつけた。腕時計のガラスがぶつかりざまに割れた。長針も短針もなくなった。それで時計を修理に出しに行った。もしピンポンをしなかったら腕時計を修理する必要はなく、修理しないなら路地に行くこともなく、路地に行かないなら腿肉を拾うことなどあり得ず、拾わなければ食べ過ぎて腹を壊すこともなかった。腹を壊さなければ便所へ行くこともなく、

私は必ずや爆死していた。――となるとピンポンのおかげで命が救われたことになりませんか。」

そこで私が聞いた、「皆さんは毎晩毎晩ピンポンをするのですか。」彼が言った、「いや、遊ぶのはたまですよ。」私が言った、「では、その晩ピンポンをやろうと誰が言い出したのですか。」彼はちょっと考えて言った、「言い出したのは私だな。私はピンポンが好きなのです。彼も好きだった。私が言い出したら、彼もすぐ賛成した。」私が言った、「となるとピンポンが命を救ったともいえない。あなた自身が御自分の命を救ったのですな。もしかりにあなたがやろうと言わなければ、彼が腕時計を壊すこともなかった。修理しに行くこともなかった。修理しなければ、路地に行くことはあり得なかった。路地に行かなければ、腿肉を拾うこともあり得なかった。腿肉がなければ、腹を壊すこともあり得なかった。腹を壊さなければ、便所へ行くこともあり得ない。行かなければ、あなたは必ず爆死した。――ということはあなたは自分で自分を救ったということになりませんか。」私の友人も傍聴していた人も皆大笑いした。

その友人はちょっと考えてまた言った、「といっても自分で自分を救ったというのでもない。これは天が命を救ってくれたおかげですな。あの晩は雨が降ってふさぎこんで坐っていた。無聊（ぶりょう）で、それでピンポンをしようと申し出た。もし天が雨を降らしてくれなかったら、我々の仲間は必ずや三々五々群れを成して山手の市中で夜店をひやかしに散歩に出たに相違ない。そうなれば家の中に閉じこもっていてピンポンをするなんてことにはならなかったろう。とすればこれは天が命を救ってくれたのではありませんか。」

私は手を叩いて感心した、「その通り、その通り。天が命を救ってくれた。正にその通り。私らはこうしたことの原因を追究してきたが、その実すべてあてにならない。別の原因は沢山あるが、それまでは気にかけなかった。たとえばあなたのお友達が左手で球を打つ習慣がなければ、腕時計が柱にぶつかって壊れることもなかったでしょう。また仮にあなたの友達が時計をその路地の時計屋に修理に出さず、別の店に出したとしたら、その路地には行かず腿肉を拾うこともあり得なかった。また仮に日本の鬼どもの爆弾が肉屋上に落ちず、腿肉が飛んで来なかったとしたら、またあなたが腿肉を食べるのを好まず、あるいはほんの少ししか食べなかったとするなら、お腹を壊すこともあり得なかったでしょう。……こうした別の原因は追究すれば、数限りなく無限にある。それだから私の考えは、〝天が命を救ってくれた〟というのが一番いいと思います。人の生死はすべて運命の神の手に操られている。運命の神とは要するに天ですな。」

友人はなにかを考えている様子だったが、やがてきっぱり言った、「あなたの御意見はたいへん結構です。ただしたいへんおおまかです。たいへん玄妙です。私はやはり皆さんはその面は追究する必要はないと思う。それでやはりもっと近い原因〝便所が命を救ってくれた〟ということにしておきたいが如何でしょう。」

私はまた手をたたいて讃え善しと言った、「たいへん結構です。追究するとすれば、ずっと天にまで到る。追究しなければもっと近い原因とする。これが一番いい。よって〝便所が命を救ってくれた〟というのは〝天が命を救ってくれた〟ということになります。」

一九四八年万愚節、杭州にて作

付録二

硫黄島から　市丸利之助の歌、折口春洋の歌

佐伯裕子

昭和二十八年に出版された、折口春洋（おりくちはるみ）の『鵠が音（たづがね）』は、釈迢空（しゃくちょうくう）（折口信夫）が養子、春洋のために編集した遺歌集である。春洋は、激戦地となった硫黄島に出征したまま帰還することがなかった。切々として長い、迢空の付記がついている。

硫黄を発掘する人々の外に、古加乙涅（コカイン・筆者注）を栽培する数家族が、棲んでゐた。其人々を内地に移した。さうしてそこに、後から〳〵送つた兵隊で、島は埋まれてしまつたと言ふあり様であつた。春洋と、春洋の所属する「胆二十七玉井隊」の一大隊が上陸したのは、昭和十九年の七月であつた。（釈迢空「島の消息」）

『鵠が音』に収められた歌の中には、「五六人の兵を起たしめて、民族のたぎる血しほをもてと　言ひ放つ」など、指揮官としての気概をこめた作品ものぞく。

春洋は三十七歳、陸軍士官として硫黄島で戦っていた。そうして迢空のもとに、戦局が激しくなる硫黄島から、昭和十九年十月二十四日以降の春洋の手紙と歌が届くのである。

同じ時期、海軍航空部隊指揮官、市丸利之助少将が、硫黄島から「柏邨」という名で、与謝野晶子の歌誌『冬柏』に歌を送っていた。そのことを、わたしは平川祐弘著『米国大統領への手紙』（一九九六年・新潮社刊）によって、初めて知った。『冬柏』は、晶子が昭和十七年に没してからも存続しており、二十年二月号の出詠が、柏邨（利之助）五十三歳の最期の歌となったようだ。

硫黄島玉砕の際に、利之助は、ルーズヴェルト大統領宛の手紙を書き残した。手紙には、極限まで追い込まれた日本の苦悩と主張が、毅然とした態度で記されていた。

『鵠が音』に迢空が付記した春洋の最後の作品と、『冬柏』に出詠された利之助の硫黄島最後の歌を並べて引いておきたい。利之助の歌も、昭和十九年末の頃のものだったと思われる。

折口春洋　十月二十四日以後

をち方の明けくらがりに　飛行機のえんじん　高く鳴りはじめたり

あまりにも月明ければ、草の上に　まだ寝に行かぬ兵とかたるも
搬船を日ねもす守り、海に浮く　駆逐鑑見れば　涙ぐましも
あけ一時　蠅の唸りのいちじるく、頭上をうづめ　黒々のぼる
朝ついひに命たえたる兵一人　木陰に据ゑて、日中をさびしき

*

スコオルは命の水ぞ雲を待つ島の心を餘人は知らじ
スコオルをあつめたくはへ水槽の満満たるを見ればたのしき
砲撃にまた爆撃にわが島の地物の形日に改まる
かばかりはかねての覚悟かばかりの敵の為業に只微笑せん
島にして待たるるは何船と雨慾を申さば知る人の文

柏郵　『冬柏』昭和20・2

折口春洋の最期の歌は、師、迢空が「未完成の歌」として付記したように、どこか弱々しいのだが、韻律を重んじる繊細な流麗さを失っていない。ことに、二首目の「あまりにも月明ければ、草の上に」という甘やかな情感は、戦場にあってなお、歌のエロスを求めてやまないものの匂いがする。五首目にいたっては、兵の死体をうたって、間近に迫る自分の死を暗示しつつ、そこに何か退嬰感のよ

うなものを漂わせている。

市丸利之助の歌はどうであろう。「かねての覚悟」「わが島」という構え方、「慾を申さば」の余裕ある表現、それは軍人として鍛えられた強さと嗜みが、自然なものとして迷いなく発露した言葉のように読める。

汚水による疫病と水不足に苦しんだ。「スコオル」が満々と水槽に溜まったことを「たのしき」と率直に表すのである。一連には、最後まで勝つために戦う気概が漲っていて、むしろ切ない。

ことに三首目、爆撃によって日に日に変容していく「島の地物の形」を俯瞰する視線は、飛行機乗りの眼といっていいのではないだろうか。戦闘機の操縦士として良く訓練された「正確な眼」で、現場の条件を解析しようとする意思さえうかがえる。

同じ戦場にあって、利之助の歌は、折口春洋の歌に漂う死のエロスというものから、最も遠い存在といっていいだろう。あえていうならば、詩歌の危うい微毒に触れたことのない、率直さと剛健さに満ちているというのだろうか。だが、そのぶんだけ、春洋のかもす空気の陰影や、内省の襞は希薄になっている。

硫黄島という、極限の戦闘地から出詠された市丸利之助の歌は、上空から戦闘の現状を俯瞰する視線に貫かれているのである。

昭和四年、土岐善麿、斎藤茂吉、前田夕暮たちが、東京朝日新聞社機で、関東上空を試乗して歌を

作るという企画があった。善麿の、

いきなり窓へ太陽が飛び込む、銀翼の左から下から右から

という歌が典型として残っている。空中を飛ぶ視界の変化に驚愕してうたわれた一首だが、そういうような詩歌人の試乗と、戦闘を目的として訓練を受けた飛行では、空中の視界はまったく違ってこよう。利之助の歌に、歌人たちの持っていない視線があるとすれば、それは、空からの鋭く意志的な眼差しであった。機上にあって、文芸的な迷いを生じさせない視線なのである。

天心は紺青に澄み中空は緑に褪せてその下は雲　昭和15・10
中空にただよふ雲の隙間より蜀の山見ゆ蜀の家見ゆ
わが部下の一機この春自爆せし梁山悲しその上をゆく
白雲に張力あらばその上に寝ころぶすべもあらんとぞ思ふ
霧島も阿蘇も一目に秋晴れぬ大編隊の帰り行く空　昭和15・11
一隊の兵力帰る雲の上鵬翼梯陣富士に触れたり　昭和15・12
生絹とも綿ともつかぬ雲流れ機影とともに虹走しるかな　昭和16・1

退避場の彼方武漢のビルヂングほのかに白く朝靄に浮く　　昭和16・1

昭和十五年十月末に利之助は、漢口から内地へ転勤命令を受け、鈴鹿空司令となる。「天心は紺青に澄み」という一首、同じ空中をうたいながら、先に挙げた善麿の歌とどこかが違って見える。善麿の一首には、窓から見ている個人の驚きが強調されるのだが、利之助のは違う。飛行機自体が、一個の眼となって、大空を捉えているのである。しかもそれは実戦のための飛行であり、「一隊の兵力帰る雲の上」「わが部下の一機この春自爆せし」の歌は、爆撃機上でなければうたえなかった作品である。「白雲に張力あらば」「生絹とも綿ともつかぬ」の歌も同様に読める。

この大空の慟哭の思いは、『冬柏』昭和十七年二月号の、危うい一首につながっていく。

前続機自爆すかかる美くしき（ママ）死ならばよしと皆思ふべし

昭和十六年十二月に太平洋戦争が開戦された翌年の作品である。戦闘は、空中戦へと移っていた。自らが操縦を教えた若い飛行士たちが、つぎつぎに爆死していくのを眼前にして、悲壮の思いをつよく抱きながら、「かかる美くしき死ならばよし」といい、「皆思ふべし」とまでいう。利之助も、かつて墜落事故で、九死に一生を得た飛行士だった。「死」を「美」へ転換することで、強く「皆」を生きさせようとするのだが、「皆思ふべし」とくるところに、司令官としての自負が先立って見える。

昭和十七年以降という時代のなかで、「死」を覚悟した操縦士たちにとっての実感がどうであったか。現在の眼で単純に裁断できるものではない。「美くしき死ならばよし」の「ならば」に籠められた思いの深さを、わたしは想像するばかりである。

日本が最後に全力をあげて死闘を繰り広げ、米国に大きな打撃を与えた激戦の島から、二人の軍人歌人が、それぞれの「歌」を故国に送っていた。そのことは、ほかにも、戦地から歌を送りつづけた多くの兵士たちがいたことを物語っているのだろう。

折口春洋の消息が届かなくなった昭和二十年、迢空は、その悲しみを「硫気ふく島」と題して次のようにうたった。

たゝかひのたゞ中にして、
我がために書きし　消息
あはれ　たゞ一ひらのふみ―
かずならぬ身と　な思ほし―
如何ならむ時をも堪へて
生きつゝもいませ　とぞ祈る―

きさらぎのはつかの空の　月ふかし。まだ生きて子はたゝかふらむか　（釈迢空『倭をぐな』）

戦場を見る視線の異なる折口春洋と市丸利之助の歌。ものごとに、ひったりと寄り添うように言葉を紡ぐ春洋の歌の巧みな視線の低さ。上空から、物理的に冷静に地物を捉える利之助のストレートな視線。歌は直截にその作者の姿勢と息づきを伝えてくれる。

相反する歌ながら、激戦の島の最期に生きたものの証を、わたしは、深々とした思いを抱いて読んでいた。

折口春洋の遺歌集『鵠が音』には、折口信夫の書いた春洋の年譜が添えられている。昭和六年、二十四歳の年に志願して金沢歩兵連隊に入隊したが、九年に肋膜炎を患い療養生活に入った。その後は、折口とともに沖縄などを旅して民俗学の研究を続けていた。昭和十六年に新たに召集を受け、十八年、春洋はふたたび金沢連隊に入隊することとなった。

戦況の激しくなった昭和十九年の頃に、折口は次のように記している。

「三十七歳　六月二十一日、千葉県柏に集結し、七月九日、横浜から乗船。八丈島へ向ふ。途中先発船沈没の為、急に予定を変へて、到着したのが硫黄島であつた、と言ふ。七月二十一日、折口信夫養嗣子となる。此頃出先で、中尉任命のことがある」。

春洋の手紙などから事情を知ったのであろう。「急に予定を変へて」という箇所からは、折口の複雑な思いが伝わってくる。運命と片づけてしまえない、屈折した悲しみが感じられるのである。

昭和十八年に南方戦線から帰還した市丸利之助は、翌十九年八月上旬、海軍航空司令官として木更津基地から東京都に属する硫黄島へ向った。当時、利之助とは逆に、硫黄島から他の戦場に移動を命じられた司令官もいた。そうしてまた、折口春洋のように、偶発的な状況から、急に硫黄島に向った連隊もあった。互いに知り合うことのなかった将兵の集結の果てに、昭和二十年二月、激烈な戦闘を繰り広げて敗れたのであった。日本軍二万千人、アメリカ軍五千五百余人が戦没した島だった。

その戦いに二人の歌人がいて、彼らの歌が今に残されている。二人以外にも歌を作っていた軍人、兵士は多くいたことであろう。戦時下に作られた歌を、既成概念でくくらずに読み直す作業は、現在に至る重要な時間の欠落をつなぐ作業でもあると思う。

南方戦線から帰還して硫黄島に行くまでのあいだ、利之助は多く富士山の歌を作った。それらは、いずれも、与謝野晶子亡きあとの歌誌『冬柏』に投稿されていた。

昭和19・1

冬の日も一日も富士に相対し一日も空を護らぬ日なし
一片(きれ)の白雲の飛ぶ面白さ隈なく晴れし富士の肩先
天空の青と大地の紫と富士の白雪まじはれる朝
垂れこめし雲中腹に凝結し忽ち白く抜け出づる富士

牧の原無電櫓のアンテナに冬日輝きその下に富士
司令部の椅子を斜に構ふればゐながらにして富士見ゆる窓
冬の日の沈みをはりて夕映えのうつろひ行けば富士もうつろふ
水平のいくばく下を日昇るか富士まだ暗く低き曙
昭和19・2

空襲の目印ともされる富士山、その山が聳える日本の空を護るという自覚が基盤にある。「空を護る」自覚は、航空戦に移行していった時代の先鋭な意識であったろう。技巧を施した歌ではないが、空を飛ぶ昂揚感とともに、このように上空から富士山を活写した歌は少なかった。戦闘機を操縦しているという特殊な視線が、戦時下の軍人の意識を伝える一連となっている。

だが、熱を籠めて作られた富士山の一連のあいだに、次のような苦しい歌がまざっていることにも着目しておきたい。

おぞましや人の狂へる姿のみわりなくもわが夢に入り来る
昭和19・1
夢をかしムツソリイニと同牢し思ひを共にする夢を見つ
昭和19・6
大陸に太平洋に勇ましき部下を死なせつ我れいまだあり

ムッソリーニは、昭和十八年七月二十五日にローマで逮捕され、その年の九月八日にイタリアは降伏した。市丸利之助は、海軍少将として、悪化していく戦局をよく知っていたであろう。富士山の連作に挟まれた悪夢の恐ろしさ、それが、追い込まれた軍人と時代の匂いを濃く放っているように読める。

戦争という状況にあって指揮するものは、行動力と判断力を身につけ、つねに瞬時の決断を下さなければならなかった。利之助は優秀な司令官だった。その優秀さが、歌の方には、リアルで合理的な視線として現れたように思われる。

富士山の一連のなかには、「大東亜今こそ立ちて導かむ国の姿のわが富士の山」と、自らを鼓舞する一首もある。そういう歌に、「おぞましや人の狂へる姿のみわりなくもわが夢に入り来る」という不穏な歌がまざるのだ。引き裂かれる心の揺らぎを、利之助は当然のように抑え込んだに違いない。そうでなければ、瞬時の決断を下す戦場に直面できなかっただろう。しいていうならば、二つの歌の間に揺れ動く心を、利之助は歌に作ろうとしなかった。揺れ動く不安を消していくかのように、歌をも武器として進んでいったのである。「既にして富士ははるかに遠ざかり機は一文字南の島」が、最後にうたった富士山の歌であるが、硫黄島では、富士を思い出してうたうという姿勢を取っていない。むしろ、先に紹介したように、スコールによる水の補給の歌や、爆撃による島の地形の変化に注意が向かっている。利之助は、凄惨な戦局に対峙する航空司令官として生きとおしたのである。

艦砲の的ともならん爆撃の的ともならん歌も詠むべし　昭和19・8

「歌」が戦闘機であるかのように読める一首、昭和十九年、硫黄島へ飛び立つ前に作ったと思われる。歌を作るということにおいて、文芸の言葉と軍人の生きかたを統合させようとした一首だろう。自分の使命と立場を明確に伝える、古典的な武人の歌を残したといえるのではないだろうか。
そのような利之助の歌だが、その源には、戦場の夜の蛍に酔い、オリオンを仰ぐ、いかにも浪漫的な心があった。

海岸の並樹を行けば星空のつづきのやうに蛍散らばる　昭和17・11
屯する南の島に幸(さち)多し曰くパパイヤパン椰子レモン
天球の美はオリオンに極まりし北半球も南半球も
オリオンの西に傾き明星のすなはち登る赤道の空
星月夜風流ならずわが仰ぐ空はすなはち当の戦場

昭和十九年前後の折口春洋の歌はどのようなものだったのであろう。『鵠が音』の昭和十九年の歌を引いておきたい。

敵、まあしゃるに上陸す

つばらかに告ぐる戦果を　きゝにけり。こゝに死にゆく兵らを　われ知る
兵とある自覚を　深くおのがじしもてとさとして、たかぶり来たる
五六人の兵を起たしめて、民族のたぎる血しほをもてと　言ひ放つ

春洋　十九年

『鵠が音』は、士官として若い兵士たちを思いつつ、激しくなる戦闘に向けて彼らを鼓舞する歌から始まっている。だが、春洋は折口信夫との別れをうたった「別れ来て」のような懐旧の一連や、「営外自然」と題した叙景の歌も作っていた。「営外自然」は、まだ内地にいた時のもののようである。

別れ来て

春畠に菜の葉荒びしほど過ぎて、おもかげに師をさびしまむとす
東に　雪をかうぶる山なみの　はろけき見れば、帰りたまへり

春洋

営外自然

谷に這う葛葉(クズハ)も　すでに肥えにけり。しづけき道に　馬をひき出づ

わが馬の歩みしづけく　なりにけり。尾根を越えつゝ　つぎの峡見ゆ

ゆったりしたうたい口、しんねりと湿った国土を恋うる歌、まさに折口（釈迢空）の歌を踏襲し、習練した作風といっていい。敗戦後に出版された歌集だが、軍人折口春洋の姿勢が、「文芸の言葉」の方に傾いていたことが想像できる。師から習得した日本語の息づきを、どのようなときにも乱すまいとしているように見える。

そういう点では、硫黄島からの最期の歌「あけ一時　蠅の唸りのいちじるく、頭上をうづめ　黒々のぼる」などを、「未完成」と評した折口の感想もうなずける。折口は、「あまり、周囲や、気持が変り過ぎて、歌が容易には、心に乗つて来なかつたやうである。」と、春洋の歌の息づかいの乱れを惜しんだ。さらに、「かくばかり　世界全土にすさまじきいくさの果ては、誰か見るべき」（『鵠が音』）とうたった、春洋のもつ、強く広い視野の喪失を惜しんでいたのであろう。

「爆撃の的」となろうとした市丸利之助の歌、折口春洋の国土を思う「日本の恋」の歌、二つながら合わせて読むことで、終局へと向かう時代の空気が伝わってくる。そのなかに生きた人々の厚みのある不穏な時間、それを、「政治の言葉」ではなく、「文芸の言葉」でたどり続ける重要さが思われるのである。

新潮社版へのあとがき（一九九六年二月十二日）

本書（新潮社版）に収めた三篇は、言語や文化を異にする国家と国家の間の軋轢(あつれき)の中で生き、反応し、歌い、そしてその志を文字で述べた人間を扱った。書物の総題ともした第一部『米国大統領への手紙』は、日米戦争の最大の激戦地である硫黄島で、ルーズベルト大統領への一書をしたためて戦死した市丸利之助中将の伝である。敗戦後五十年の一九九五年九月号の『新潮』に発表した。

第二部『「大和魂」という言葉』は日中間の激しい摩擦とあやうい理解とにふれた短文である。一九九三年六月号の『新潮』に発表した。

第三部の『高村光太郎と西洋』は大正・昭和を通じて最大の詩人と目された一日本人のアングロ・サクソンやフランスとのかかわりを詳細に吟味した。一九八九年十二月号の『新潮』に発表した。私はこうして東京大学大学院の演習で取りあげたほとんどすべてを、一旦文章化した上、さらに書物とすることを得た。長年にわたり『新潮』の編集長であった坂本忠雄氏以下関係各位に厚く御礼申しあげる。

ところで今回の書物について読者はあるいは怪訝(けげん)に思われるかもしれない。「予科練の育ての親」と呼ばれた日本海軍軍人の市丸利之助と、日本の代表的詩人であり彫刻家である高村光太郎とが、一体なぜこの一冊の書物の中で同居し得るのか、と。しかし職業こそ異なれ、この二人は同じ二十世紀の前半に生き、不幸にもアメリカと戦う運命に際会した日本人である。本書を通読された読者は、なぜ私が高村光太郎を論じたのみか、市丸利之助の生涯をもたどるにいたったか、その推移の過程の必然を外面的にも内面的にも理解していただけるものと信じている。

それからなお一つ述べておきたいことがある。本書に収めた三篇は、いずれも旧敵国の人々の前でも話した内容だ、ということである。私は外国の権威を後楯にして一面的に日本を批判する知識人やマス・メディアの人に好意を寄せない者だが、その反動として生じた、日本にまつわることは何事でも良しとする、同じく一面的な日本主義者はさらに好まない。私は人生の五分の一にあたる十三年を国外で過したが、その比較研究者（コンパラティスト）としての利点を生かして、自分の意見も機会をとらえては外国にさらして、できるだけ相手の反応を確かめてきた。井の中の蛙やお山の大将は私のとる態度ではない。発表順に従うと、『高村光太郎と西洋』は北アメリカでも講演し、英文 Takamura Kōtarō's Love-Hate Relationship with the West は *Comparative Literature Studies* VOL.26 NO.3, Penh State Press に一九八九年に発表した（これは後に Sukehiro Hirakawa: *Japan's Love-Hate Relationship with the West*, Folkestone, Kent: Global Oriental, 2005 に収めた）。

一九九一年は私の東京大学教授としての最後の年であった。停年を前にして思うところがあり、「文学に現れた大東亜戦争と太平洋戦争」という題で比較文化演習を行なった。コンパラティズムとは影響・被影響の関係の発見・指摘に終始する学問ではない。過去を複眼で見なおす作業である。半世紀前の大戦については呼び名からして日本側とアメリカ側で異なるが、その戦争を敵対する両陣営の文章がどのように描いたか、彼を知り己を知ろうと願った。大学院には近年留学生が多い。私のクラスには中韓米英などの留学生も出席するのが常であった。そのようなクラスでこの種の問題をとりあげるのは心労いことではあった。だが悪名高いタイ・ビルマ国境付近の敵対関係についても、『クワイ川の橋』の原作を読み、映画『戦場にかける橋』を見るとともに、会田雄次『アーロン収容所』もあわせて読むと、いずれの国の人にもある種のソフィスティケーションは生じるものである。その上で竹山道雄の『ビルマの竪琴』を読み、さらにビルマ留学生の意見を聞く、などという多角的なアプローチを重ねると、歴史は別様に見えてくる。市丸利之助の和歌や遺書を取りあげたのもその演習においてであった。

その下調べをしていた頃、市丸と同じ佐賀県出身の東大教養学科の学生の諸永京子さん（現国際交流基金勤務）が調査を助けてくれた。二人で一緒に硫黄島の生残りの松本巌上等兵曹を大津にお訪ねしたこともある。その時にうかがったお話もさることながら、松本さんが同郷人の誼みで諸永さんに書き送った手紙から、ハワイ出身の二世、三上弘文兵曹についての機微をより正確にとらえることが出来た。松本氏は餘生を硫黄島の戦いの語部として控え目に過された方だが、私の文章が『新潮』に載る前に亡くなられた。御冥福を祈る次第である。

『「大和魂」という言葉』は一九九二年の北京での講演に基づいている。『新潮』に発表の翌年、この文章がさる国立大学の入学試験に出題されたが、私と同じように過去の歴史に複眼で接することを良しとする人もおられるのだな、と思い微笑した。日本という言論自由の国に半生を生きて私は幸福と誇りを感じる。その自由を守るにふさわしい、責任ある文章を末永く綴りたい——たとい世間がタブーとするものに触れようとも——と心ひそかに願っている。

筆をおくに際して、謹しんで未見の市丸中将の三令嬢の御健勝をお祈り申しあげる。過ぎた年の元旦、私は横浜磯子の日枝神社に詣でた。その神社は戦場から生還するたびに市丸が参拝した神社だからである。本年こそ市丸伝を書きあげようと自分に言い聞かせて石段を昇ったのだが、石段を踏みつつ思わずにいられなかったことは、市丸司令官はその時、まだあどけない令嬢たちの手を引いていただろうな、ということであった。市丸家に限らず全国の、いや世界いたるところの遺族の気持を不当に傷つけるような文章は書くまい、しかしだからといって戦前・戦中の日本の国家としての行動がことごとく正しかったとするようなナルシシズムはゆめ許すまい、というのが私が誓ったおのずからなる執筆姿勢であった。本書を書きあげて、私は自分の人生における任務の一つを果たしたことのように感じている。

『米国大統領への手紙――市丸利之助伝』出門堂版へのあとがき（二〇〇六年三月二十七日）

第二次世界大戦後六十一年、このたび『市丸利之助歌集』が市丸中将の故郷、佐賀の出門堂から世に出る機会に、編集部の古川英文氏の尽力で久しく絶版のままとなっていた拙著『米国大統領への手紙――市丸利之助伝』の増補改訂版もあわせて出ることとなった。有難いことであるが、あくまで大切なのは市丸利之助その人であり、その歌集である。そのことをこのたび『市丸利之助歌集』を読み直し深く感じた。

ここでこんなことを思い出す。

私は昭和十九年四月、中学に進んだ。戦争中だが東京で桜を見るゆとりは空襲以前のその年まではまだあった。教科書では、『平家物語』の話が印象に残った。

都落ちを餘儀なくされた平家一門の薩摩守忠度（ただのり）は、取って返して五条の藤原俊成の門を叩く。敗残兵の乱暴狼藉（ろうぜき）を家人はおそれるが、忠度と聞いて俊成は門をあけさせ対面する。「一門の運命はやつき候（さうら）ひぬ」と覚悟を定めた武将は歌人の師に向い簡潔に願いを述べる。世の中が静まって勅撰和歌集がまた編まれる御沙汰がもしあるなら、その時は自分の歌でふさわしいものを「一首なりとも御恩を蒙ツて、草の陰にてもうれしと存じ候はば、遠き御まもりでこそ候はんずれ」。俊成は「かかる忘れがたみをゆめ疎略を存ずまじう候」と誓う。薩摩守は悦んで「今は西海の波の底に沈まば沈め、山野にかばねをさらさばさらせ、浮世に思ひおく事候はず。さらば暇申して」と馬にうち乗って去る。見送る俊成卿の耳に「前途程遠シ、思ヲ雁山ノ夕ノ雲ニ馳ス」と詠ずる声が聞こえた。

世が静まって『千載集』が編まれることとなった。しかし戦後は、一谷の合戦で討死して果てた平清盛の弟は「勅勘の人」、今様にいえば死んでも旧軍閥の悪人扱いである。撰者の俊成は名前を表に出さずに忠度の歌をそっと歌集に入れた。

名字をばあらはされず、故郷の花といふ題にて、よまれたりける歌一首ぞ、「読人しらず」と入れられける。

さざなみや志賀の都はあれにしをむかしながらの山ざくらかな

天智天皇がかつて住まわれた志賀の都は荒れ果ててしまったが、それでも山桜は昔のままに美しく咲いている。

この歌は戦いに敗れて死んだ平家の武将の作であるだけに昔と今と感慨が重なる。よく知られた話だから、あらためて引くまでもないかもしれない。しかし今の日本人は、忠度の気持や俊成の思いやりを必ずしもわがものとしていない。それというのも、過ぎた第二次大戦で歌を残して死んでいった軍人歌人については、およそ知られていないし、また語ろうともしないからである。

市丸利之助は第二次世界大戦を戦った日本海軍軍人の中で出色の人であった。「予科練の育ての親」であり、軍人歌人であり、硫黄島で海軍航空戦隊司令官として飛行機がなくとも地下壕で戦い、日英両文の手紙をルーズベルト大統領宛に遺し、玉砕した。志ある市丸利之助の生き方と死に方に私は深い敬意を表する。

この市丸利之助を扱った旧著『米国大統領への手紙』（新潮社、一九九六年）は「新潮社版へのあとがき」にも記したように三作から成っていた。その中から表題作である市丸利之助の伝のみを独立して、増補改訂版として再び世に出すことができ、嬉しく思っている。旧著にあわせて収めた他の二作『高村光太郎と西洋』ならびに『「大和魂」という言葉』については、またいずれ世に出ることもあるだろう。

旧著の中で私は、不幸にも敵対した国家と国家の間の軋轢の中で生き、歌い、志を述べ、そして死んだ市丸利之助（一八九一～一九四五）と高村光太郎（一八八三～一九五六）という二人を意図的に並置した。一見いかにも異質な二人であるから、肩書きやレッテルで人を決めてしまいがちな読者は、両者の何が共通性で何が異質性であるか、把握しかねたことであったろう。戸惑った人もいたかもしれない。しかしその両者に対する判定もいずれ世間が下すこととなるであろう。私自身にとっては内からある感動と判断が湧きあがることを禁じえなかった。同じく二十世紀前半に生きた市丸と高村の二人の日本人のいずれが好ましいかといえば、餘人は知らず、私にとっては世に知られぬ軍人歌人市丸であって、詩人彫刻家高村ではなかった。論壇や文壇は「大正デモクラシーの詩人」「智恵子抄の愛の詩人」「大東亜戦争の詩人」「暗愚小伝の詩人」高村光太郎にそれぞれの時代にそれぞれ最大の敬意を表してきたように見えるが、それは戦前も戦中も戦後も、時流に知らず識らずの間に乗った日本人が多かったからであろう。

しかし敗戦後五十年に新潮社版『米国大統領への手紙』を公刊した後も、私の同情はますます市丸に傾いて今日に及んでいる。日本の「予科練の父」をそのように評価することに違和感を覚える人は内外に多いであろう。しかし英国人がバトル・オブ・ブリテンを戦った英国の空の戦士を誇りをこめて眺めるのと同様、私は日本の空の戦士に対してひそかな敬意を抱いているのである。しかも市丸は軍人であるばかりでない、歌人であり、教育者であり、情理を尽くして日本の立場を説こうとした人間でもあった。市丸の遺書を英文で読んだ時、私は自分も自己の価値観に立脚した一連の学問的成果を日本語だけでなく英語でも世界に向けて述べようとひそかに心に決めたのであった。それが二本足の学者としての自分に課せられた任務であると感じたからである。Militia est vita hominis super terram.「地上における人間の生は戦いである」とは『聖書』にある言葉で学生時代カンドウ神父からお習いしたが、私が外国人に向けても語ろうとするのは、なにか私の文筆による戦いの継続のようにすら感じることがある。日本人の学者も、知識人も、政治家も、新聞人も、外交官も、なぜ日本人の志の存するところを堂々と外国に向けて外国語で語ろうとしないのだろうか。なぜ文章にして述べるだけの訓練をきちんと積もうとしないのであろうか。

ただし注意しておきたいことがある。私は単純なナショナリストではない。一方的に一方の国のみを良しとする態度はとらない。善玉悪玉の二分法の歴史観は真実を歪めるものだ。一九九一年、東大勤務の最後の年、私は先の大戦を日本側と連合国側の双方から眺める大学院演習を行なった。「文学に現れた大東亜戦争と太平洋戦争」という演習の題は同一の戦争を日本側の視点と連合国側の視点の双方から眺めようとした試みである。歴史を複眼で眺める訓練は比較研究に欠かすことはできない。本書にもすでに二通の米国大統領への手紙を収めておいたのはそのような配慮からでもあった。そうしたことも念頭にあって、新潮社版の刊行後も重慶や成都を爆撃した日本側の市丸の歌だけでなく、爆撃された中国市民の側の文章もないものか、と気にかけていた。そんな私が中国語の手習いにと買い求めた一冊『豊子愷童話集』（台北、洪範書店、一九九五）に文人画家豊子愷（一八九八―一九七五）の『毛厠救命』という一文を見つけたのである。日本機に爆撃されて辛うじて生き残ったという設定の文章だが、笑いがある。その語り口には豊子愷の挿絵同様、おかしみや軽みがあり、雰囲気にはユーモアが漂っている。そこにはしたたかな生き方とともに仏教的な運命観に近い考えも結びに語られている。共産党中央はそんな豊子愷の考え方をあるいは肯定しないかもしれない。しかし豊子愷のその文章に笑いがあればこそ、党御用の人が書く誇大なプロパガンダ風の中国語文章と違って、日本の読者にも訴えるなにかを蔵しているのである。二〇〇六年、増補改訂版『米国大統領への手紙――市丸利之助伝』を出すにあたり、付録一として『毛厠救命』の拙訳を掲げる次第である。

　豊子愷の作品は、絵やスケッチも随筆などの文章も、惜しいことに日本に知られることがはなはだ少ない。豊子愷は大正十年日本に十ヵ月「留学というには短すぎるし、旅行というには長い」滞在をした。しかしいかにも実り多い体験であった。竹久夢二の影響感化は豊子愷の風俗画に一目瞭然である。美術も音楽も文章も良くした。日華事変の最中は石門の自宅縁縁堂を日本軍の戦火に焼かれ、奥地を転々とした。重慶で爆弾が炸裂し家は壊れ便所だけが残った人の話には「漫画」も添えて描いている。戦時中の昭和十五年、吉川幸次郎が『縁縁堂随筆』を訳した。豊子愷が描く日本人の林先生という音楽教師の東洋奇人としての風貌に谷崎潤一郎はいたく感心して「此の随筆はたしかに芸術家の書いたものだ」と讃辞を呈している。しかし豊子愷は晩年、文化大革命の際は上海市十大批判の対象とされ、紅衛兵に痛めつけられた。『源氏物語』の訳稿は地下に隠しておいたので幸運にも紅衛兵どもの手で焼却される憂き目にあわず、豊子愷の死後日の目を見た。名訳の誉れが高いが、問題も生じた。なにしろかの国は党指導者が率先して数字を三十万とか三百万とか三千万とか誇大化する国柄である。日中間の真の友好を損なう昔からの悪い癖である。そうした白髪三千丈式の数字の恣意的な操作が許されるような雰囲気が続く限り、中国には知的誠実と表裏をなす知的所有権を尊重する伝統が根づくはずはない。はたして豊子愷訳を基にしたらしい「新訳」『源氏物語』も大陸ではすでに出まわっている始末である。なおこの文人について、日本語で書かれた研究書としては、総合的な楊暁文『豊子愷研究』(東方書店)と豊子愷の西洋美術受容と日本の関係を精密にたどった西槇偉『中国文人画家の近代』(思文閣出版)がある。拙訳の訂正と日本語訳の出版の許可を豊子愷の御遺族から頂くについては、西槇偉熊本大学助教授を煩わした。

『短歌研究』の編集長押田晶子さんは私が東大でお教えした旧知である。『市丸利之助歌集』を世に出したいと願っていた私のために二〇〇五年六・七・八月号に『軍人歌人市丸利之助』という拙稿を掲載する機会を与えてくれたのみか、閨秀歌人佐伯裕子さんに声をかけて『硫黄島から　市丸利之助の歌、折口春洋の歌』という比較論をあわせて掲載するという見事な編集をしてくださった。硫黄島という、極限の戦闘地から出詠された市丸の歌についての佐伯さんの鋭い論を、お願いして本書に付録二として収め、読者諸賢の御参考に供させていただく次第である。

私は戦時下の日本でも発行され続けた『冬柏』を通読して、数ある歌人の中で市丸利之助の歌がいつも光り輝いているという印象を受けた。『市丸利之助歌集』は後世に末長く読み継がれると信じている。

平成六年二月天皇皇后両陛下は硫黄島へ慰霊のために渡られたことは本文でもふれたが、次の歌をそれぞれ詠まれたと承った。

精魂を込め戦ひし人未だ地下に眠りて島は悲しき

慰霊地は今安らかに水たたふ如何ばかり君ら水を欲りけむ

両陛下は護国の英霊のために祈られたのである。

本書を新潮社から刊行した後、一九九六年六月二十二日、横尾文子氏司会で佐賀女子短大で、同二十三日、大河内はるみ氏の御尽力と大嶋仁氏の司会で唐津市で講演し、その前後市丸家の方と親しくお話することを得た。それがきっかけでさらに細かい事を知ることを得、この改訂増補版に種々書き加えさせていただいた。荒谷次郎氏は八十四歳の高齢をおして講演会に市丸司令の色紙のコピーを届けに見えた。本文中に利用させていただいた倉町秋次『豫科練外史』(教育図書研究会)が一番貴重な書物であったが、その後参照した文献は次の通りである。松永次郎『次席将校』(光文社)、『歴史と人物』(中央公論社、昭和五十八年一月二十日増刊)中の特空会有志の座談会、岡谷公二『南に行った男土方久功』、加藤暁夢(肥後日日新聞社長)『老のたわごと』38、阿部興資『追想市丸海軍少将』、岩野喜久代編『事変詩歌集　空中艦隊』(昭和十五年。関根實の手になる複製本、昭和五十六年)、岩野喜久代『大正・三輪淨閑寺』(青蛙書房)。なお『米国大統領への手紙』に対する紹介や批評に、土居健郎氏の『鎮魂の紙碑に寄せて』(『新潮』一九九六年四月号)、飯尾憲士氏(『図書新聞』、一九九六年四月二十日号）などがある。吉田直哉氏は『諸君！』（文藝春秋社、二〇〇四年九月号）で拙著を山本七平氏の『日本はなぜ敗れるのか』（角川書店）などとともに日本人の必読書にあげたのみか、本書を基に『眠れ、サルフィンクス』という戯曲（吉田『ぶ仕合せな目にあった話』、筑摩書房、二〇〇四年、所収）を執筆された。そのことも有難いことに思い申し添える。

結びに一文を加えさせていただく。二〇〇六年三月十九日、日本の防衛大学校卒業式にあたり小泉純一郎首相、防衛庁長官に続いて私は来賓代表として祝辞を述べる名誉を与えられた。国防の決意の意味と、市丸利之助にふれたのでここに全文を引かせていただく。私自身の手で英訳を添えたのは、式典に各国の武官が臨席するので、平川の考えが外国関係者により正確に伝わるようにと慮ってのことである。

防衛大学校第五十回卒業式来賓代表祝辞

この良き卒業式にあたり古歌を引いて御挨拶といたします。

とれば憂し
とらねば物の数ならず
捨つべきものは弓矢なりけり

本学出身の皆さまは武力と関係する。「弓矢」を実際に使えば、人を殺し「とれば憂し」の立場に立たされる。しかしもし武器をとらねば「物の数ならず」。国防の決意なき国は、他国と通じる内外の勢力により心理的に支配され、人の数にならない。その矛盾の悩みが「捨つべきものは弓矢なりけり」武器は捨てたいものだ、という呻きとなりました。

しかし武器は捨ててすむのか。戦後六十年我が国は、自衛力と同盟国の武力によって護られてきました。二十一世紀世界では一国平和は不可能です。ではなぜ一九四六年憲法を改正し軍隊をきちんと認知しないできたのか。それは「とれば憂し」という懸念が常に言われたからです。だが備えがなければ相手の思うままにされる。それで万一に備え、自衛隊があり防衛大学校があり、国民も皆さまに期待しています。ただし戦前は軍の学校を出る者に対し、赫々たる武勲を立てることが期待されました。今日皆さまに期待するのは地球社会の平和維持力としての自衛隊であり、その任務が重く尊いことは、日本の首相が卒業式に必ず参列するのは本学だけであることからもわかります。

「戦ひ好まば国亡び戦ひ忘れなば国危ふし」と申します。昭和初年、軍部は独走し、軍国主義日本は「戦ひ好まば国亡ぶ」惨状を呈しました。戦いを好んではならない、しかしかといって戦いを忘れてはならない。釣合いが大切です。ではそのバランス感覚を皆さま個人はいかに磨くか。積極的・能動的な本学卒業生は、敵を知り己を知る知的訓練を生涯積まれることを切望いたします。

昭和の軍人で範とするに足る人は誰か。自己研鑽を生涯怠らぬ立派な人はおりました。今村均大将の自伝は読まれた方もありましょう。私は昭和二十年、硫黄島で米国大統領へ宛て立派な遺言を日英両文でしたため戦死した海軍草分けのパイロット市丸利之助少将についてお話したい。市丸少佐は大正末年、練習飛行中墜落、三年病臥し、同輩に遅れ、悩みました。しかし和歌を学ぶなど修養につとめました。人生誰しも蹉跌(さてつ)はあるが、強制された休暇を善用したからこそ、市丸は軍に復帰するや予科練の初代部長として深い感化を与えました。市丸の歌、

紺青の駿河の海に聳えたる紫匂ふ冬晴れの富士

市丸は富士に日本の永遠を祈りました。皆さまも小原台から眺めた富士山を末永く心にとめ、裾野の広い、大らかな人格を築いてください。島国日本は古来外敵に蹂躙されることが稀でした。専制主義国の圧迫を蒙ることなく、私どもは精神の自由を失わず生きている。経済発展も嬉しいが、日本が東アジアで例外的に言論の自由を享受できたことを私はさらに誇りに感じます。この地球社会の自由を皆さまとともに護ることを誓い、祝辞といたします。本日はお目出とうございます。

平川祐弘

Sukehiro Hirakawa, Professor Emeritus, Tokyo University; author *Japan's Love-Hate Relationship with the West* (Global Oriental, UK, 2005)

On this happy occasion I would like to give you a parting address, by quoting an old poem by a samurai.

Toreba ushi
Toraneba mono no kazu narazu
Sutsubeki mono-wa yumiya narikeri

You graduates of the Defense Academy, are by your career closely related with the way of *yumiya* "bow and arrow". If you use them, you are obliged to kill, this is a sad thing(*Toreba ushi*). However if you do not take them up, you'll not be counted as a man(*Toraneba mono no kazu narazu*). That means a country without a will of self-defense will be psychologically dominated by a foreign country or its proxy forces. The samurai expresses his contradictory state of mind, saying: "how I wish I could throw away bow and arrow"(*Sutsubeki mono-wa yumiya narikeri*).

However is it possible for Japanese to abandon "bow and arrow"? The fact is since the end of WWII Japan has been protected by the self-defense force and by the military force of its ally. In the twenty-first century a country cannot keep peace with its own force alone. Japan has been reluctant in modifying its imposed Constitution and in legitimizing openly its military force. It is because of the latent fear of taking up arms, the feeling of "toreba ushi" was strong. Yet, the Japanese nation at large recognizes the Self Defense Force and count on you, graduates of the Defense Academy. However, there is a difference: in pre-WWII years the Japanese expected graduates to accomplish brilliant feats of arms. Nowadays we count on you as peace-keeping force of the global society. How important your duty for Japan is clear from the fact that it is only at the graduation ceremony of this academy Prime Minister of Japan regularly attends.

The proverb says: "A country that likes war will perish, but a country that forgets war will also perish." The militarist Japan of the 1930s miserably perished because of its war-like military. Japan should not, however, forget war. What is expected is a sense of balance. You graduates of the Defense Academy have an open spirit. Cross-cultural understanding of the other as well as yours should be cultivated.

Finally let me ask you a question. Among the Japanese warriors of WWII who do you respect for their human qualities? Many of you, I hope, have read General Imamura Hitoshi's *Autobiography*. I would like to refer today to Rear Admiral Ichimaru, who had written *Notes to Roosevelt* both in Japanese and in English before he was killed at Iwo Jima. Ichimaru was the father of the *yokaren*, Japanese Naval Air Force. His career was not an easy one. When his training plane crashed in 1926, the young officer was obliged to stay in bed nearly for three years. He lagged behind. He, however, cultivated himself using the forced vacation.

He thus became a remarkable *uta*-poet. It was thanks to that self-culture that Ichimaru became such a good educator of young pilots. Here is one of his Fuji poems:

Konjō-no Suruga-no umi-ni sobietaru
Murasaki niou
Fuyubare-no Fuji

Over the deep blue water of the Suruga bay Fuji is shining violet through the transparent air of a cloudless winter morning. Ichimaru saw in it eternity of the Japanese nation. Keeping the image of Fuji which you have seen from Obaradai you too, I hope, will build a well-balanced personality comparable to that mountain.

It is a happy thing that today's Japan enjoys an economic prosperity, but it is a happier thing that the Japanese enjoy an exceptional freedom of speech in this East Asian region where dictatorial regimes still remain. Let us defend together this precious freedom in this global society. I wish you all a good luck.

平川祐弘（ひらかわ・すけひろ）

一九三一年、東京生まれ。東京大学大学院比較文学比較文化課程修了。東京大学名誉教授、大手前大学大学院教授。二〇〇六年瑞宝中綬章受章。

主要著書：「マッテオ・リッチ伝一～三」（平凡社東洋文庫）、「平和の海と戦いの海――二・二六事件から『人間宣言』まで」（新潮社）、「和魂洋才の系譜――内と外からの明治日本」「世界の中のラフカディオ・ハーン」「ダンテの地獄を読む」（河出書房新社）、「夏目漱石――非西洋の苦闘」（講談社学術文庫）、「小泉八雲――西洋脱出の夢」（新潮社〈のち講談社学術文庫〉／サントリー学芸賞）、「ルネサンスの詩――城と泉と旅人と」（沖積舎）、「中国エリート学生の日本観――比較の指針」（文藝春秋）、「日本をいかに説明するか――文化の三点測量」（葦書房）、「ラフカディオ・ハーン――植民地化・キリスト教化・文明開化」（ミネルヴァ書房／和辻哲郎文化賞）、他。翻訳：「小泉八雲名作選集」七巻（講談社学術文庫）、ダンテ「神曲」、マンゾーニ「いいなづけ」（河出書房新社）、他。

肥前佐賀文庫001

米国大統領への手紙　市丸利之助伝

二〇〇六年　五月二〇日　初版印刷
二〇〇六年　五月三〇日　初版発行

著　者　平川祐弘
発行者　原　健三
発行所　出門堂　福博印刷株式会社　文化事業推進室
佐賀市兵庫南四丁目二二番地四〇号　〒八四九―〇九一八
電　話　〇九五二（二五）二九八八（文化事業推進室）
〇九五二（二四）二三六六（代表）
FAX　〇九五二（二四）二八四六
http://www.shutsumondou.jp

装　丁　浅葉克己
編集協力　工房＊アステリスク（和田夏生）
印　刷　福博印刷株式会社
製　本　篠原製本株式会社
ISBN 4-903157-03-2

◇出門堂の本

肥前佐賀文庫002

わが国はじめての牛痘種痘　楢林宗建

深瀬泰旦著　A五判変型・九六頁

天然痘ほど人類を脅かした病気があるだろうか？　さらに、これほど人類が劇的に根絶しえた病気があったろうか？　ジェンナーが発明した牛痘接種法が天然痘治療に決定的な役割を果たしたことは知られるが、日本で初めて種痘に成功したのが佐賀藩の藩医・楢林宗建であった。日本初の牛痘法による種痘成功の背景を紹介する。

ISBN4-903157-04-0

市丸利之助歌集

A五判・二一六頁・上製・貼函入

硫黄島で玉砕した海軍航空部隊指揮官・市丸利之助が遺した和歌約千首を採録。予科練で、軍人である前に人間たるべきことを説いた軍人歌人のこころ。

ISBN4-903157-02-4